生き甲斐
IKIGAI

KEN MOGI

生き甲斐
IKIGAI

**OS CINCO PASSOS PARA ENCONTRAR
SEU PROPÓSITO DE VIDA E SER MAIS FELIZ**

Traduzido por
Regiane Winarski

Copyright © 2017, KEN MOGI.
Título original: The little book of Ikigai.
Publicado originalmente em inglês por Quercus Editions Ltd em 2017
Tradução para Língua Portuguesa © 2018, Editora Alto Astral Ltda.
Tradução para Língua Portuguesa © 2018, Regiane Winarski.
Todos os direitos reservados à Astral Cultural e protegidos
pela Lei 9.610, de 19.2.1998. É proibida a reprodução total ou parcial
sem a expressa anuência da editora. Este livro foi revisado segundo o Novo
Acordo Ortográfico da Língua Portuguesa.

Capa Agência MOV
Ilustrações © Amber Anderson e Shutterstock Images
Foto © YASUSHI MATSUDA

Dados Internacionais de Catalogação na Publicação (CIP)
Angélica Ilacqua CRB-8/7057

M716i
    Mogi, Ken
        Ikigai / Ken Mogi; tradução de Regiane Winarski —
    Bauru, SP : Astral Cultural, 2018.
        224 p. : il.

    ISBN: 978-85-8246-731-2
    Título original: The Little Book of Ikigai

    1. Estilo de vida - Japão 2. Felicidade 3. Bem-estar
    4. Japão - Usos e costumes I. Título

18-0291   CDD 158.1

Índice para catálogo sistemático:
1. Estilo de vida : Felicidade : Japão

 ASTRAL CULTURAL EDITORA LTDA

BAURU
Rua Joaquim Anacleto
Bueno, 1-20
Jardim Contorno
CEP: 17047-281
Telefone: (14) 3879-3877

SÃO PAULO
Rua Augusta, 101
Sala 1812, 18º andar
Consolação
CEP: 01305-000
Telefone: (11) 3048-2900

E-mail: contato@astralcultural.com.br

SUMÁRIO

Os cinco passos para o *ikigai*	7
1. O que é *ikigai*	11
2. Seu motivo para levantar de manhã	31
3. *Kodawari* e os benefícios de pensar pequeno	49
4. A beleza sensorial do *ikigai*	75
5. Fluxo e criatividade	93
6. *Ikigai* e sustentabilidade	119
7. Encontrando seu objetivo na vida	141
8. O que não mata fortalece	167
9. *Ikigai* e felicidade	185
10. Aceite-se como é	205
Encontre seu próprio *ikigai*	217

RECADO PARA O LEITOR

Os cinco passos para o *ikigai*

Ao longo deste livro, eu me refiro aos cinco passos para o *ikigai*. São eles:

Passo 1: Começar pequeno
Passo 2: Libertar-se
Passo 3: Harmonia e sustentabilidade
Passo 4: A alegria das pequenas coisas
Passo 5: Estar no aqui e agora

Esses cinco pilares aparecem com frequência, pois cada um deles oferece o contexto elementar — as próprias bases — que permite que a técnica do *ikigai* prospere.

Eles não são mutuamente excludentes nem precisam ser concomitantes, e também não têm uma ordem particular de hierarquia. Mas são vitais para nossa compreensão do *ikigai*, e vão proporcionar orientação para que você possa absorver o que vai ler nas próximas páginas e refletir sobre sua própria vida.

生き甲斐

CAPÍTULO 1

O que é *ikigai*

Quando o presidente Barack Obama fez sua visita oficial ao Japão na primavera de 2014, os governantes japoneses precisaram escolher um local para o jantar de boas-vindas oferecido pelo primeiro-ministro do Japão. A ocasião era para ser um evento particular, antecedendo a visita de Estado que só começaria oficialmente no dia seguinte e que incluía um jantar cerimonial no palácio imperial, com o imperador e a imperatriz.

Imagine quanta consideração a escolha desse restaurante envolveu. Quando foi finalmente anunciado que o local seria o Sukiyabashi Jiro, possivelmente um dos restaurantes mais famosos e respeitados de sushi, a decisão foi recebida com aprovação universal. E, realmente, foi perceptível o quanto o próprio presidente Obama apreciou a experiência de jantar lá pelo sorriso em seu rosto quando ele saiu. Supostamente, Obama falou que foi o melhor sushi que já tinha comido. Isso foi um elogio enorme vindo de alguém que passou a infância no Havaí, exposto a uma forte influência japonesa, incluindo sushi, e que, presumivelmente, já tinha tido várias experiências anteriores com *haute cuisine*.

O restaurante Sukiyabashi Jiro é orgulhosamente comandado por Jiro Ono, que é, enquanto escrevo este livro, o chef com três estrelas Michelin mais velho ainda vivo, com noventa e dois anos. O Sukiyabashi Jiro já era famoso entre os conhecedores da culinária japonesa antes do primeiro Guia Michelin de Tóquio, em 2012, mas a publicação botou definitivamente o restaurante no mapa gourmet mundial.

Embora o sushi produzido por ele venha envolto em uma aura quase mística, a culinária de Ono é baseada em técnicas práticas e versáteis. Por exemplo, ele desenvolveu um procedimento especial para oferecer ovas de salmão (*ikura*) em condição de frescor ao longo do ano todo. Isso desafiou a antiga sabedoria profissional seguida nos melhores restaurantes de sushi, já que *ikura* só devia ser servido durante a temporada de auge, o outono, quando o salmão enfrenta os rios para botar ovos. Ele também inventou um procedimento especial no qual um certo tipo de peixe é defumado com palha queimada de arroz para produzir um sabor único.

O momento de colocar os pratos de sushi na frente de clientes que esperam ansiosamente precisa ser calculado com precisão, assim como a temperatura do peixe, para otimizar o sabor do sushi, afinal, supõe-se que o cliente vai colocar a comida na boca sem muita demora.

Na verdade, jantar no Sukiyabashi Jiro é como assistir a um balé exótico, coreografado por trás do balcão por um mestre digno, respeitado e de conduta austera (apesar de o rosto dele se abrir em um sorriso de tempos em tempos se você tiver sorte).

Podemos concluir que o sucesso incrível de Ono aconteceu devido ao talento excepcional, à pura determinação e a uma perseverança firme ao longo de anos de trabalho árduo, assim como à busca implacável de técnicas culinárias e apresentação da maior qualidade.

No entanto, mais do que isso, e talvez acima de tudo, Ono tem *ikigai*. Não é exagero dizer que ele deve seu sucesso incrivelmente fabuloso nos âmbitos profissional e particular da vida ao aprimoramento desse *éthos* japonês específico.

Ikigai é uma palavra japonesa que descreve os prazeres e sentidos da vida. A palavra consiste, literalmente, de *"iki"* (viver) e *"gai"* (razão).

Na língua japonesa, *ikigai* é um termo usado em vários contextos, e pode se aplicar a pequenas coisas diárias, assim como a grandes objetivos e conquistas. É uma palavra tão comum que as pessoas a usam no dia a dia de forma bem casual, sem estarem cientes do seu significado especial.

Mais importante, encontrar *ikigai* é possível sem que você seja necessariamente bem-sucedido na vida profissional. Nesse sentido, é um conceito democrático, impregnado de comemoração à diversidade da vida. É verdade que ter *ikigai* pode resultar em sucesso, mas sucesso não é uma condição necessária para se ter *ikigai*. É algo aberto a todos nós.

O QUE É *IKIGAI*

Para o dono de um restaurante bem-sucedido como Jiro Ono, receber um elogio do presidente dos Estados Unidos é uma fonte de *ikigai*. Ser reconhecido como o chef com três estrelas da Michelin mais velho do mundo, certamente, conta como um belo elemento de *ikigai*. No entanto, *ikigai* não está limitado a esses domínios de reconhecimento e aclamação mundial. Ono pode encontrar *ikigai* apenas servindo o melhor atum a um cliente sorridente, ou ao sentir o frio refrescante do ar matinal quando acorda e se prepara para ir ao mercado de peixes Tsukiji. Ono pode até encontrar *ikigai* na xícara de café que toma antes de começar cada dia. Ou em um raio de sol passando pelas folhas de uma árvore enquanto ele anda até o restaurante no centro de Tóquio.

Ono mencionou uma vez que deseja morrer fazendo sushi. É algo que dá a ele uma sensação profunda de *ikigai*, apesar do fato de exigir muitos pequenos passos que são monótonos e que tomam tempo. Para fazer a carne de polvo ficar macia e saborosa, por exemplo, Ono tem que "massagear" o cefalópode por uma hora. Preparar Kohada, um pequeno peixe cintilante considerado o rei do sushi, também exige muita atenção, pois envolve a remoção das escamas e dos intestinos do peixe e um marinado precisamente balanceado usando sal e vinagre. "Talvez meu último sushi seja Kohada", disse ele.

Ikigai reside no reino das pequenas coisas. O ar matinal, a xícara de café, o raio de sol, o massagear da carne de polvo e o elogio do presidente norte-americano estão em pé de igualdade. Só aqueles capazes de reconhecer a riqueza desse espectro podem realmente apreciá-la e senti-la. Essa é uma lição importante do *ikigai*.

Em um mundo onde nosso valor como pessoa e a sensação que temos de valor próprio são determinados primariamente pelo nosso sucesso, muita gente está sob pressão desnecessária. Você pode sentir que qualquer sistema de valor só é válido e justificável se for traduzido em conquistas concretas — uma promoção, por exemplo, ou um investimento lucrativo.

Bem, relaxe! Você pode ter *ikigai*, um valor pelo qual viver, sem necessariamente ter que se provar assim. Isso não quer dizer que vai ser fácil. Às vezes, eu preciso lembrar a mim mesmo dessa verdade,

O QUE É *IKIGAI*

apesar de ter nascido e crescido em um país onde o *ikigai* é mais ou menos um conhecimento comum.

Em uma conferência TED intitulada "Como viver até mais de cem anos", o escritor americano Dan Buettner discutiu *ikigai* especificamente como um *éthos* para boa saúde e longevidade. Na época da escrita deste livro, a conferência de Buettner tinha sido vista mais de três milhões de vezes. Buettner explica os aspectos dos estilos de vida de cinco lugares no mundo em que as pessoas vivem mais.

Cada "zona azul", como Buettner chama essas áreas, tem sua própria cultura e suas próprias tradições, que contribuem com a longevidade. As zonas são Okinawa, no Japão; Sardenha, na Itália; Nicoya, na Costa Rica; Icária, na Grécia; e, dentre os adventistas do sétimo dia, Loma Linda, Califórnia. De todas essas zonas azuis, os habitantes de Okinawa têm a maior expectativa de vida.

Okinawa é uma cadeia de ilhas mais ao sul do arquipélago japonês. Ostenta muitos centenários. Buettner cita as palavras dos habitantes como testemunho do que constitui *ikigai*: um mestre de caratê de cento e dois anos disse que seu *ikigai* era cuidar de suas artes marciais; um pescador de cem anos disse que o dele podia ser encontrado enquanto ele continuava a pescar peixes para a família três vezes por semana; uma mulher de cento e dois anos disse que o dela era segurar sua pequena tataraneta no colo — ela disse que era como pular no céu. Analisadas em conjunto, essas simples escolhas de estilo de vida dão dicas do que constitui a essência de *ikigai*: uma noção de comunidade, uma dieta equilibrada e uma percepção de espiritualidade.

Apesar de talvez serem mais óbvios em Okinawa, esses princípios são compartilhados pelo povo do Japão em geral. Afinal, a taxa de longevidade no Japão é extremamente alta em todas as regiões do país.

De acordo com uma pesquisa de 2016 feita pelo Ministério da Saúde, Trabalho e Bem-Estar, em comparação a outros países e regiões do mundo, a longevidade dos homens japoneses era a quarta do mundo, com uma expectativa de vida média de 80/79 anos, depois de Hong Kong, da Islândia e da Suécia. As mulheres japonesas tinham a segunda maior expectativa de vida do mundo, com uma média de 87,05 anos, depois de Hong Kong e seguidas da Espanha.

O QUE É *IKIGAI*

É fascinante ver como o *ikigai* ocorre naturalmente para muitos japoneses. Um estudo-chave sobre os benefícios do *ikigai* para a saúde publicado em 2008, *Sense of Life Worth Living (ikigai) and Mortality in Japan: Ohsaki Study*, Sone et al. 2008, foi conduzido por pesquisadores da escola de medicina da Universidade Tohoku, com sede na cidade de Sendai, no norte do Japão. Esse estudo envolveu uma grande quantidade de pessoas, permitindo aos pesquisadores fazerem correlações estatisticamente significativas entre *ikigai* e vários benefícios para a saúde.

Nesse estudo, os pesquisadores analisaram dados do estudo de grupos do Ōsaki National Health Insurance (NHI), conduzido ao longo de sete anos. Um questionário autoadministrado foi distribuído a 54.996 beneficiários do Ōsaki Public Health Care, uma agência local do governo que oferece serviços de saúde a residentes de catorze municipalidades, com idades entre quarenta e setenta e nove anos.

A pesquisa consistia de um questionário com noventa e três itens, no qual os participantes tinham que responder perguntas sobre históricos médicos antigos e de familiares, condição de saúde física, hábitos de bebida e cigarro, emprego, estado civil, educação e outros fatores relacionados à saúde, inclusive *ikigai*. A pergunta crucial relacionada a isso foi bem direta: "Você tem *ikigai* na sua vida?". Os participantes tiveram que escolher uma dentre três respostas: "sim", "indeterminado" ou "não".

Ao analisar os dados de mais de cinquenta mil pessoas, o estudo de Ōsaki concluiu que, "em comparação a quem encontrou uma sensação de *ikigai*, os que não encontraram tinham mais chance de não estarem casados, de não terem emprego, de terem nível educacional mais baixo, de terem saúde ruim ou avaliada como ruim, de terem um alto nível de estresse mental, de terem dores corporais severas ou moderadas, de terem limitações de funções físicas e de não caminhar".

Usando só esse estudo, é claro que não é possível dizer se ter *ikigai* levou a melhores casamentos, empregos ou status educacional dos participantes, ou, ao contrário, se foi o acúmulo dos vários pequenos sucessos na vida que levou a uma sensação maior de *ikigai*. Mas seria razoável dizer que ter sensação de *ikigai* aponta para um estado

O QUE É *IKIGAI*

emocional em que os participantes sentem que podem construir uma vida feliz e ativa. *Ikigai* é, de certa forma, um barômetro que reflete a visão de uma pessoa sobre a vida de uma forma integrada e representativa.

Além do mais, a taxa de mortalidade das pessoas que responderam "sim" à pergunta sobre o *ikigai* foi significativamente menor do que as que responderam "não". A taxa menor foi resultado de elas terem menos risco de doença cardiovascular. O interessante é que não houve mudança significativa no risco de câncer para as pessoas que responderam "sim" em comparação a quem respondeu "não" à pergunta sobre o *ikigai*.

Por que as pessoas com *ikigai* também têm risco reduzido de sofrer de doenças cardiovasculares?

A manutenção da boa saúde envolve um número maior de fatores. É difícil dizer com segurança quais fatores são responsáveis, mas a redução de doenças cardiovasculares sugere que os que têm *ikigai* têm mais probabilidade de se exercitarem, já que sabemos que o envolvimento em atividades físicas é responsável por reduzir o risco de doenças cardiovasculares.

De fato, o estudo de Ōsaki descobriu que quem respondeu positivamente sobre *ikigai* se exercitava mais do que os que deram uma resposta negativa.

Ikigai dá propósito à vida ao mesmo tempo que dá determinação para seguir em frente. Apesar de o Sukiyabashi Jiro ser agora um destino culinário mundialmente famoso frequentado por pessoas como Joël Robuchon, as origens de Jiro Ono são muito humildes. A família dele teve dificuldade de se sustentar e, por necessidade financeira (foi na época anterior à introdução de regulamentação banindo o trabalho infantil no Japão), ele começou a trabalhar em um restaurante à noite quando ainda estava no ensino fundamental. Durante o dia na escola, cansado de trabalhar por muitas horas árduas, ele acabava cochilando na sala de aula. Quando o professor o obrigava a ficar de pé do lado de fora como punição, ele costumava tirar vantagem do descanso das aulas para correr para o restaurante e terminar suas tarefas, ou adiantá-las para reduzir a jornada de trabalho.

Quando Ono abriu seu primeiro restaurante de sushi, que acabaria levando ao Sukiyabashi Jiro, sua intenção não era criar o melhor estabelecimento

O QUE É *IKIGAI*

gastronômico do mundo. Naquela época, era mais barato abrir um restaurante de sushi em comparação a outros tipos de restaurante. Os restaurantes de sushi, em sua forma básica, exigem apenas equipamentos e móveis rudimentares. Isso não surpreende se nós considerarmos que o sushi começou como comida de rua vendida em barracas no período Edo, no século XVII. Para Ono, naquela época, abrir um restaurante de sushi foi um esforço para sustentar a família, nada mais, nada menos.

Logo começou a longa e árdua ascensão. No entanto, a cada estágio da longa carreira, Ono teve o *ikigai* para ajudar a apoiá-lo e motivá-lo enquanto ele ouvia sua voz interior na busca incansável por qualidade. Não era uma coisa que pudesse ser comercializada para as massas, nem facilmente compreendida pelo público em geral. Ono teve que motivar a si mesmo pelo caminho, principalmente no começo, quando a sociedade de um modo geral ainda não tinha percebido seus esforços árduos.

Ele começou aos poucos a fazer pequenas melhorias no negócio, elaborando um recipiente especial, por exemplo, que cabia no espaço incomum de bancada do restaurante dele, para deixar tudo arrumado e limpo. Melhorou várias ferramentas usadas na preparação de sushi, sem saber que muitas seriam usadas em outros restaurantes e que acabariam sendo reconhecidas como invenção original dele. Todos esses pequenos avanços foram trabalhos de amor, apoiados pela sensação apurada de Ono do significado de começar pequeno (o primeiro pilar do *ikigai*).

Este livro pretende ser uma humilde ajuda para quem está interessado no *éthos* do *ikigai*. Espero que, ao contar a história de Jiro Ono, eu tenha dado uma amostra do que esse conceito envolve e do quanto pode ser valioso.

Como vamos ver juntos, ter *ikigai* pode, literalmente, transformar sua vida. Você pode viver mais, ter boa saúde, ficar mais feliz, mais satisfeito e menos estressado. Além do mais, como subproduto do *ikigai*, você pode até se tornar mais criativo e bem-sucedido. Você pode ter todos esses benefícios do *ikigai* se souber apreciar essa filosofia de vida e se aprender a aplicá-la em sua vida.

Como o *ikigai* é um conceito grandemente imerso na cultura japonesa e sua herança, para clari-

O QUE É *IKIGAI*

ficar o que envolve, vou mergulhar nas tradições japonesas ao mesmo tempo em que procuro relevância nos hábitos contemporâneos. No meu ponto de vista, *ikigai* é uma espécie de eixo cognitivo e comportamental, em torno do qual vários hábitos de vida e sistemas de valores estão organizados.

O fato de que os japoneses estão usando *ikigai* no dia a dia, nem sempre sabendo o que o termo quer dizer exatamente, é testemunho da importância do *ikigai*, especialmente se você levar em consideração a hipótese léxica, proposta pela primeira vez pelo psicólogo inglês Francis Galton no final do século XIX.

De acordo com Galton, características individuais importantes na personalidade de uma raça ficam codificadas na língua da cultura e, quanto mais importante a característica, mais provável é que seja capturada por uma única palavra.

O fato de *ikigai* ter sido formado como uma denominação única quer dizer que o conceito aponta para uma grande característica psicológica relevante para a vida dos japoneses. *Ikigai* representa a sabedoria de vida dos japoneses, a sensibilidade e a maneira de agir que foram unicamente pertinentes na sociedade japonesa e que evoluíram ao longo de centenas de anos dentro da sociedade fechada da nação insular.

Vou mostrar que é claro que você não precisa ser japonês para ter *ikigai*. Quando penso em *ikigai* como um prazer particular, eu me lembro de uma cadeira especial que encontrei no Reino Unido.

Durante alguns anos, em meados dos anos 1990, eu fiz uma pesquisa de pós-doutorado no Laboratório de Psicologia da Universidade de Cambridge. Eu estava hospedado em uma casa que pertencia a um eminente professor. Quando me mostrou o quarto em que eu ficaria hospedado, ele apontou para uma cadeira e explicou que tinha valor sentimental para ele: seu pai a fez especialmente para ele quando ele era pequeno.

Não havia nada de extraordinário na cadeira. Para ser sincero, era um pouco malfeita. O design não era refinado, e havia características irregulares aqui e ali. Se a cadeira estivesse à venda no mercado, não seria cara.

Dito isso, eu também vi, pelo brilho nos olhos do professor, que a cadeira tinha um significado muito especial para ele. E era só isso o que impor-

O QUE É *IKIGAI*

tava. Tinha um lugar único no coração do professor, só porque o pai tinha feito para ele. Valores sentimentais são assim mesmo.

Esse é só um pequeno exemplo, mas poderoso. *Ikigai* é como a cadeira do professor. É questão de descobrir, definir e apreciar os prazeres da vida que têm significado para você. Não tem problema se mais ninguém enxergar esse valor particular, embora, como vimos com Ono e como você vai perceber ao longo deste livro, perseguir as alegrias particulares na vida costuma levar a recompensas sociais. Você pode encontrar e cultivar seu próprio *ikigai*, desenvolvê-lo secreta e lentamente, até que ele um dia ofereça uma fruta bem original.

No decorrer deste livro, enquanto abordarmos modos de vida, a cultura, as tradições, a mentalidade e a filosofia de vida do Japão, nós vamos descobrir sugestões de boa saúde e longevidade entranhadas no *ikigai*, e você vai poder se perguntar ao longo do processo:

- Quais são meus valores mais sentimentais?
- Quais são as pequenas coisas que me dão prazer?

Esses são bons pontos de partida para encontrar seu próprio *ikigai* como forma de obter uma vida mais feliz e mais realizada.

CAPÍTULO 2

Seu motivo para levantar de manhã

Para algumas pessoas, sair da cama não é problema. Para outras, parece uma coisa muito difícil. Se você é uma daquelas pessoas que ficam embaixo do edredom depois que o despertador toca, desejando que fosse feriado, e acabam se arrastando da cama com relutância depois do segundo ou terceiro alarme, este capítulo é para você.

Ikigai, às vezes, é expressado como "o motivo para se levantar de manhã". É o que dá uma motivação contínua para viver a vida, ou você também pode dizer que dá o apetite para a vida que deixa você ávido para receber cada novo dia. Como vamos ver neste capítulo, os japoneses não precisam de motivações mentais grandiosas para seguir em frente, mas se apoiam mais nos pequenos rituais da rotina diária. Dos cinco pilares do *ikigai* descritos no começo deste livro, acordar cedo tem mais a ver com começar pequeno.

Hiroki Fujita, que compra e vende atum no famoso mercado de peixe Tsukiji, de Tóquio, tem bastante experiência com o *éthos* de acordar cedo. Ele acorda às duas da madrugada e se prepara para ir trabalhar, seguindo seus protocolos de sempre. Ainda está escuro quando chega à loja do mercado, mesmo no meio do verão. Fujita logo começa a trabalhar da mesma maneira acelerada com que está acostumado há tantos anos.

Há um motivo especial para Fujita acordar tão cedo todos os dias. Como negociante de atum, ele precisa conseguir o melhor peixe, e portanto não pode se dar ao luxo de perder nada de importante que aconteça no mercado. Os clientes de Fujita contam com ele. Conforme o mundo descobre o sabor divino e delicioso do atum *toro*, mais e mais atenção é dada ao processo de selecionar e temperar os melhores exemplares. Fujita examina dezenas de atuns colocados no chão de uma seção especial do mercado de peixes Tsukiji para tentar escolher o melhor para sua lista impressionante de clientes, a maioria os restaurantes de sushi mais seletos de Tóquio e arredores, inclusive o Sukiyabashi Jiro, é claro.

"Escolher um bom atum é uma arte intricada por si só", diz Fujita. No Tsukiji, os atuns são vendidos inteiros, e o comprador não pode ver o interior do peixe quando está fazendo a compra. O único jeito de selecionar o peixe no mercado é olhando a superfície da carne perto da nadadeira da cauda, que foi cortada do corpo do peixe. Fujita costuma tocar e sentir o peixe nessa região, usando os dedos para saber se a carne está madura.

"O público pode ter noções erradas sobre que tipo de atum é saboroso", diz Fujita:

"As pessoas costumam achar que o atum vermelho com aparência fresca é o melhor, mas nada pode estar mais distante da verdade. O melhor atum tem uma aparência mais suave. Isso só existe em certos tipos de corpo de peixe, capturados por uma variedade limitada de procedimentos de pesca. O melhor tipo só pode ser encontrado em, digamos, um em cem. É preciso procurar certas aparências e texturas, mas é difícil ter certeza, pois os melhores costumam ser bem parecidos ou até indistinguíveis dos que foram danificados por oxidação. Eu levanto cedo de manhã porque sempre estou atrás daquele tipo especial de peixe. Eu penso: eu encontraria o certo se fosse ao mercado de peixe hoje? Esse pensamento me mantém em movimento."

Talvez nós devêssemos encarar a manhã como Fujita encara. Nós sabemos o suficiente sobre as condições fisiológicas do cérebro para saber que essa hora do dia é melhor para trabalho produtivo e criativo. Dados sugerem que, durante o sono, o cérebro está ocupado registrando lembranças em seus circuitos neurais, conforme as atividades do dia são organizadas e consolidadas. Ainda há pesquisas em andamento sobre a dinâmica da consolidação da memória.

Parece que novas lembranças são temporariamente armazenadas no cérebro com a ajuda da região conhecida como hipocampo (nós temos certeza desse papel essencial do hipocampo, pois pessoas com danos substanciais a ele não conseguem

SEU MOTIVO PARA LEVANTAR DE MANHÃ

formar novas lembranças). Depois, essas lembranças parecem "migrar" gradualmente para o córtex associado, para serem consolidadas em lembranças de longo prazo. O cérebro é capaz de executar o armazenamento, ligação e indexação de lembranças de forma eficiente na ausência da entrada de informações sensoriais.

De manhã, supondo que você dormiu tempo suficiente, o cérebro acabou o trabalho noturno importante. Está em estado renovado, pronto para absorver novas informações conforme você começa as atividades do dia.

Dizer bom dia — *ohayo* em japonês — e fazer contato visual ativa os sistemas de recompensa do cérebro e leva a um melhor funcionamento da regulação hormonal, que resulta em um sistema imunológico melhorado. Todos esses efeitos se mostraram estatisticamente significativos, embora as ligações causais não sejam completamente compreendidas.

O *éthos* de acordar cedo está embutido na cultura japonesa, então não é surpresa, talvez, que existam regras sobre como e quando dizer *ohayo*. Essas coisas são levadas a sério! Como várias regulações hormonais do cérebro são sabidas como estando em harmonia com a movimentação do sol, faz sentido viver em sincronia com o sol, pois os ritmos circadianos são afinados com os ciclos naturais do dia e da noite.

Essa é a explicação neurológica de por que acordar cedo faz parte da tradição japonesa de forma tão intensa. Mas, como estávamos dizendo, tem também um motivo cultural: o Japão é uma nação que sempre deu muito valor ao sol matinal.

O príncipe Shōtoku, que governou o Japão no século VII e era filho do imperador Yōmei, era um homem de talentos fantásticos. De acordo com as lendas, ele conseguia ouvir e entender dez pessoas falando ao mesmo tempo. O príncipe Shōtoku leva o crédito por ter introduzido reformas políticas positivas, como uma constituição de dezessete artigos, que leva a fama de ter enfatizado a importância de *wa* (harmonia) no primeiro artigo (discutirei mais sobre isso depois).

Ao enviar uma carta oficial para o imperador da China, o príncipe Shōtoku começou com a frase: "Do soberano da terra do sol nascente". Isso era referência ao fato de que o Japão se situa à leste da China, a direção na qual o sol nasce. A imagem

SEU MOTIVO PARA LEVANTAR DE MANHÃ

pegou, e o Japão ainda é visto como "terra do sol nascente" pela civilização ocidental. *Japão* é um exônimo; na língua japonesa, o nome da nação é Nippon ou Nihon, duas pronúncias alternativas para a nomenclatura que expressa "a origem do sol". A bandeira nacional do Japão, *hinomaru* ("círculo do sol") é uma visualização da ideia da terra do sol nascente.

O sol é objeto de adoração, como uma coisa que simboliza vida e energia, há muito tempo no Japão. No ano-novo, muitas pessoas acordam cedo (ou passam a noite acordadas) para ver o primeiro sol nascente do ano. É costumeiro subir o Monte Fuji à noite para reverenciar o sol do pico. Muitas marcas japonesas, inclusive de cerveja, jornal, seguro de vida, fósforos e uma estação de televisão, usam o sol nascente como tema.

Outro motivo para os japoneses gostarem de acordar cedo tem a ver com a história econômica do país. Durante a era Edo (1603-1868), quando o Japão era governado por Xogunato Tokugawa, aproximadamente 80% da população toda era de fazendeiros. Mesmo depois da rápida industrialização e urbanização, cerca de 50% dos japoneses ainda eram fazendeiros em 1945. E, para ter sucesso na lavoura, é preciso acordar cedo de manhã.

O fato de a atividade agrária ter tido um impacto desses talvez não seja surpresa, considerando o quanto o arroz é fundamental para a economia do Japão. O arroz era o produto mais importante e quase sagrado da terra. Tinha que ser oferecido a deuses em rituais, e o bolinho de arroz simbolizava a chegada do ano-novo. Saquê, a bebida alcoólica japonesa popular, é feita de arroz. Decorações sagradas em templos xintoístas são feitas de palha de arroz.

Atualmente, a porcentagem de pessoas envolvidas na agricultura caiu para cerca de 1,5% de toda a população. A importância relativa da agricultura na mentalidade do japonês médio diminuiu. No entanto, muitas conjunturas conceituais relacionadas à agricultura ainda estão vivas, influenciando as atitudes das pessoas na vida diária. Por exemplo, o plantio de brotos de arroz na primavera e a colheita no outono é um dos rituais mais importantes conduzidos pelo Imperador. Os campos de arroz especialmente designados ficam no Palácio Imperial de Tóquio. A plantação e a colheita são feitas

SEU MOTIVO PARA LEVANTAR DE MANHÃ

pela mão de sua Majestade Imperial em pessoa, e a cena é transmitida pela televisão nacional. Em seu papel como representante do povo japonês, o Imperador faz isso porque era uma coisa que a maioria da população fazia para viver.

Não eram só fazendeiros que tinham o *éthos* de acordar cedo. Dentre os comerciantes, era tradicionalmente considerado louvável acordar ao amanhecer e começar o trabalho imediatamente, para adiantar as atividades do dia, mas também para economizar combustível e velas à noite.

Tem um antigo provérbio japonês, "acordar cedo traz um lucro de três *mon*", sendo que o *mon* era a moeda do Japão durante o período Muromachi (1336-1573). O provérbio é relativamente equivalente ao provérbio "Deus ajuda quem cedo madruga". Há uma percepção geral entre a população japonesa de que acordar cedo faz sentido economicamente.

Hoje vemos isso, sejam comerciantes de atum acordando à noite para ir ao mercado ou funcionários *workaholics* do setor financeiro indo para o escritório logo cedo para encarar as atividades nos mercados estrangeiros.

Uma profissão possivelmente improvável que leva o *éthos* de "antes do café da manhã" de forma literal no Japão contemporâneo é a de lutador de sumô. Os lutadores de sumô são conhecidos por treinarem de manhã, antes de tomarem café. Na verdade, o treinamento de sumô acontece *só* de manhã. À tarde, os lutadores relaxam, cochilam ou se dedicam a seus hobbies favoritos. Claro que os cochilos e a diversão só acontecem depois de uma porção generosa de comida, que ajuda os lutadores a construírem os famosos corpos enormes.

Radio taiso (calistenia do rádio — exercícios curtos sincronizados com música) talvez seja uma representação melhor da cultura matinal de atividades físicas do Japão. E serve para pessoas comuns de todas as idades.

Concebido em 1928 pelo governo para melhorar a condição física do público em geral, *radio taiso* é um costume regular (exceto por um intervalo de quatro anos depois da Segunda Guerra Mundial) entre os japoneses desde então. Muitos começam no ensino fundamental. Crianças no primeiro ano de estudos aprendem a mover os braços e as pernas de forma sincronizada com a música, pois os gestos

SEU MOTIVO PARA LEVANTAR DE MANHÃ

são simples o bastante para serem imitados mesmo aos seis anos. Durante as férias de verão, acontecem reuniões locais de *radio taiso*, em que as crianças são encorajadas a frequentar com a recompensa de selos colecionáveis. Se uma criança acumula uma certa quantidade de selos em um cartão, ganha presentes como doces ou papéis de carta no final das férias.

Esse costume parece ter grande valor educativo por encorajar as crianças a dormirem cedo e acordarem cedo, um hábito saudável de se estabelecer, principalmente em uma era em que a diversão digital como jogos e vídeos do YouTube costumam deixá-las acordadas até tarde da noite. Dessa forma, as crianças são encorajadas a darem continuidade ao espírito do "sol nascente", embora não de uma forma nacionalista. *Radio taiso* também é um exemplo de uma pequena dose de criatividade que foi longe.

Radio taiso às vezes é praticado em canteiros de obras e fábricas, onde a preparação física para o trabalho é necessária, e mesmo em escritórios, antes de um dia de trabalho começar.

Nos dias de hoje, são mais os cidadãos da terceira idade que praticam regularmente *radio taiso*. Não é incomum ver um grupo de idosos reunido em um parque em áreas residenciais para o exercício matinal diário. Eles começam precisamente às seis e meia da manhã, na hora que a NHK Radio 1 começa a transmitir a música-tema de *radio taiso*. É o *ikigai* deles.

A imagem de pessoas de uniforme se exercitando juntas já foi usada pela imprensa internacional para mostrar a ideia do Japão como um país com mentalidade de grupo.

Nas reuniões de *radio taiso* dos idosos pela manhã, os movimentos não são todos organizados e sincronizados. Tem gente espalhada para todo lado, cada uma com sua abordagem individualizada da ginástica. Algumas estão fora do ritmo da música, enquanto outras conversam bruscamente ao mesmo tempo em que movem os braços e as pernas. Algumas entram no meio da música, enquanto outras podem sair antes do final. Em outras palavras, há uma abundância de idiossincrasias, e elas são toleradas.

Radio taiso talvez seja uma apoteose do *éthos* japonês de valorizar as atividades que são feitas pela manhã. É particularmente interessante do ponto de vista da construção social do *ikigai*, porque reúne uma comunidade ao manter harmonia e susten-

SEU MOTIVO PARA LEVANTAR DE MANHÃ

tabilidade, que formam o terceiro pilar do *ikigai*. Tem outras repercussões também. A música de *radio taiso* passou a ocupar entre os japoneses uma posição especial e já apareceu em diversos filmes e dramas populares do Japão.

A alegria das pequenas coisas parece particularmente pertinente nesse contexto, considerando que é costumeiro no Japão comer algo doce logo cedo, tradicionalmente com chá verde, embora esteja sendo cada vez mais substituído por café ou chá preto. E faz sentido. Onde quer que esteja no mundo, se tornar hábito ingerir seu alimento favorito logo depois que acorda (por exemplo, chocolate e café), vai haver liberação de dopamina no seu cérebro, reforçando as ações (se levantar) antes de receber sua recompensa (chocolate e café). Como Mary Poppins cantou no musical de mesmo nome, "uma colherada de açúcar ajuda o remédio a descer".

Outras pequenas coisas podem ajudar você a sair da cama de manhã. Muitos japoneses têm um longo trajeto até o trabalho, principalmente em áreas metropolitanas como Tóquio, Nagoya e Osaka. Eu mesmo pegava um trem às seis e vinte da manhã para ir para a escola no ensino médio. Eu me sentava sempre no mesmo vagão. Sempre havia rostos familiares nos assentos próximos. O que era incrível e animador era que todas as manhãs vários funcionários de escritório jogavam *shogi* (xadrez japonês) juntos, divertindo-se durante o trajeto.

Esse clube de *shogi* era algo como o clube de *radio taiso*, que usava o poder da comunidade para aumentar a motivação para o trajeto logo cedo (o terceiro pilar do *ikigai*, harmonia e sustentabilidade). Até hoje, eu me lembro disso como uma coisa próxima da imagem de perfeita felicidade.

Assim, *radio taiso* e *shogi* podem ser vistos como um esquema bem planejado que serve também para promover o primeiro, o terceiro e o quarto pilares da técnica do *ikigai*, especificamente começar pequeno, harmonia e sustentabilidade e a alegria das pequenas coisas.

Nem é preciso dizer que não é necessário nascer no Japão para praticar o costume de acordar cedo. Afinal, toda terra é a terra do sol nascente. Vistas da estação espacial, não há diferença. A qualquer momento, o sol está nascendo em alguns lugares e se pondo em outros. Talvez você possa tentar uma versão própria de *radio taiso*, ou do clube de *shogi*, imerso na sua cultura local. Você pode querer dar início a um clube do livro com outras pessoas no seu transporte para o trabalho ou preparar um café da manhã delicioso pelo qual possa ansiar depois de uma corrida suave ou um exercício de alongamento. Faça a alegria das pequenas coisas funcionar para você, e assim você também pode começar seu *ikigai* de manhã.

CAPÍTULO 3

Kodawari e os benefícios de pensar pequeno

Nos últimos anos, o Japão se tornou um destino turístico muito popular. Em 2010, quase oito milhões de pessoas visitaram o país. Já em 2015, o número subiu para quase vinte milhões. Atualmente, é comum ver grupos de turistas andando pelas ruas de destinos populares como Tóquio, Kyoto e Osaka. Turistas agora podem ser vistos em vilarejos remotos, em restaurantes antes só conhecidos por moradores da região, conforme eles exploram locais que tradicionalmente eram evitados.

Desde a modernização da nação, o governo japonês vem tentando atrair turistas estrangeiros. Na era Meiji (1868-1912), um número de hotéis de estilo ocidental foi construído para receber turistas da Europa e dos Estados Unidos. Nessa época, o Japão não era uma economia industrializada exportadora, então, a moeda estrangeira que esses turistas levavam era considerada vital. Depois que a economia cresceu rapidamente após a Segunda Guerra Mundial, o número de pessoas que visitava o Japão foi considerado de pequena importância em comparação à manufatura de eletrônicos e automóveis, que ajudava a atrair moeda estrangeira.

Mas houve um empurrão recente para encorajar as pessoas a visitarem o Japão. Agora, as indústrias japonesas, tendo que enfrentar a concorrência de países como China, Coreia do Sul e Taiwan, além da dominância de uma economia baseada na internet vinda dos Estados Unidos, estão perdendo espaço. Houve uma época em que o Ministério da Economia, Comércio e Indústria era reverenciado e temido como o motor do Japão corporativo.

Agora, o ministério vê o *"soft power"* da nação como parte indispensável da máquina fazedora de dinheiro. O ministério iniciou a campanha "Japão Legal", inspirado pelo movimento "Bretanha Legal" do Reino Unido, que pretende encorajar econo-

KODAWARI E OS BENEFÍCIOS DE PENSAR PEQUENO

mias além da indústria e garantir o turismo como o novo ganha-pão da nação. Aumentar o número de turistas é visto como um dos desafios importantes da iniciativa "Japão Legal".

Os turistas costumam mencionar a alta qualidade dos serviços, a apresentação e a atenção aos detalhes como sendo alguns dos encantos principais do Japão. Desde as operações quase impecáveis dos trens Shinkansen (o trem-bala do Japão) à entrega eficiente e rápida de pratos de carne nas cadeias de *fast-food*, as coisas consideradas triviais pelos japoneses costumam impressionar e até surpreender outras nacionalidades.

Os visitantes acham o Japão limpo e arrumado, um lugar onde tudo funciona e é pontual. Banheiros públicos, lojas de conveniência e o transporte público em geral são vistos como meticulosamente administrados. Os habitantes japoneses são elogiados por serem gentis e prestativos.

Claro que há soluços ocasionais; como em todo lugar, o Japão tem sua cota de pessoas e organizações incompetentes. Os japoneses, sempre atentos para manter o alto padrão, costumam reclamar dos padrões em deterioração. Mas, na média, é justo dizer que os japoneses tirariam um dez se o assunto fosse qualidade geral de serviços e simpatia.

Ao considerar por que o Japão oferece bens e serviços de tão boa qualidade, é muito importante entender o conceito de *kodawari*.

Kodawari é um conceito difícil de traduzir. Em inglês, costuma ser chamado de "comprometimento" ou "insistência". No entanto, esses termos, como a maioria dos conceitos cultivados em um contexto cultural particular, não capturam adequadamente o verdadeiro significado da palavra. *Kodawari* é um padrão pessoal, ao qual o indivíduo adere de forma decidida. Costuma ser visto, embora nem sempre usado, em referência a um nível de qualidade ou ao profissionalismo que o indivíduo segue. É uma atitude, muitas vezes mantida pela vida da pessoa, que constitui um elemento central do *ikigai*. *Kodawari* é pessoal por natureza, e é uma manifestação de orgulho pelo que se faz. Em resumo, *kodawari* é uma abordagem pela qual se toma cuidado extraordinário com detalhes bem pequenos.

Dos cinco pilares do *ikigai*, o *kodawari* é o primeiro, começar pequeno, sem necessariamente

KODAWARI E OS BENEFÍCIOS DE PENSAR PEQUENO

justificar o esforço para qualquer esquema grandioso.

Uma coisa em que os visitantes que vão ao Japão reparam é o grande número de restaurantes e bares de pequena escala, pertencentes e operados por indivíduos no lugar de cadeias e conglomerados. Eles passam uma sensação local, são únicos, individuais, e representam os gostos do dono. Estes lugares, muitas vezes, têm um *kodawari no ippin* — um prato específico que é sua marca —, do qual o dono se orgulha. Pode envolver ingredientes específicos ou se concentrar na região dos ingredientes principais ou na quantidade de tempo necessária para preparar o prato. Os clientes gostam do fato de esses lugares, onde pratos preparados de forma única podem ser consumidos, terem nascido de um desejo de comemorar interação pessoal e um senso de comunidade.

Um exemplo particularmente interessante é o famoso macarrão *lámen*. Nisso, o Japão demonstrou grande habilidade em transformar uma coisa importada em uma coisa próxima da perfeição. Esse tipo de macarrão é originário da China, mas, quando chegou ao Japão, houve uma explosão dos tipos de macarrão *lámen* produzidos. Dependendo do sabor da sopa, da forma como o macarrão é preparado e da escolha de ingredientes, há agora uma enorme variedade desse prato.

Quando dois japoneses começam a discutir sobre que tipo de *lámen* eles gostam, você pode ter certeza de que a discussão não vai ter fim. Um dos observadores cinematográficos mais astutos do Japão, Juzo Itami, fez uma homenagem muito bem-humorada ao *kodawari* presente em macarrão *lámen* em seu filme *Tampopo* (1985). Todos os aspectos da preparação do *lámen*, como a mistura da sopa, o preparo do macarrão, e o número e a proporção dos ingredientes requeridos são descritos. Além disso, os clientes precisam aprender o jeito adequado de saborear e comer *lámen*. Isso tudo é transmitido de forma cômica no filme. Mas, embora o zelo dedicado ao *lámen* seja divertido e exagerado, e de haver uma boa parte que é mero entretenimento, é engraçado precisamente porque há muita verdade. Começar pequeno e executar cada passo à perfeição é o *éthos* dos donos de restaurantes de *lámen* no Japão, compartilhado apaixonadamente pelo público em geral.

KODAWARI E OS BENEFÍCIOS DE PENSAR PEQUENO

O *kodawari,* por si só, parece ser um traço inflexível e egocêntrico, quase a ponto de excluir qualquer troca de ideias. De fato, na imaginação popular dos japoneses, um dono de restaurante de *lámen* com *kodawari* é difícil de conversar, mal-humorado, exigente em relação aos mesmos padrões de apreciação por parte dos clientes. Em *Tampopo,* o dono do restaurante só fica satisfeito quando os clientes tomam a sopa toda. Mas, na verdade, *kodawari* é relacionado a comunicação. A recompensa final e pessoal por executar cada uma das pequenas tarefas necessárias para fazer a tigela perfeita de *lámen* é o sorriso no rosto do cliente.

Steve Jobs também tinha esse tipo de *kodawari*, embora não expressasse seu *éthos* em tantas palavras quando tentava aperfeiçoar as características do iPhone, por exemplo. Na verdade, pode-se dizer que *kodawari* era uma das características que definiam Steve Jobs — é possível até dizer que ele era japonês pelo seu espírito *kodawari.*

Claro, Steve Jobs era um indivíduo incrível. O que talvez seja único no Japão é a prevalência do espirito *kodawari* dentre as pessoas comuns. De pequenos donos de tavernas *izakaya* a produtores de

Kobe beef e atum de Ōma (um porto da prefeitura de Aomori, no norte do país), o Japão tem uma grande população de pessoas expressando seu *kodawari*. Há muitos agricultores artesanais que dedicam todo o tempo, esforço e criatividade para chegar aos melhores e mais saborosos produtos. Eles procuram o solo perfeito, planejam e executam a poda e a irrigação mais eficientes e escolhem, com muito cuidado, a variedade de hortifrutigranjeiros a serem plantados. Eles se esforçam muito, motivados pelo sentimento forte de começar pequeno.

Um aspecto crucial do *kodawari* é que as pessoas buscam seus próprios objetivos acima e além das expectativas razoáveis com base em forças de mercado.

Se você quer ter sucesso, é normal que precise produzir itens de qualidade razoável. No entanto, quando chega a um certo nível, a melhoria incremental na qualidade diminui em comparação ao esforço dedicado. É como a curva de aprendizado. Se você é estudante, em um determinado ponto, não faz sentido estudar mais, exceto em circunstâncias incomuns, pois a melhoria na pontuação é pequena; é melhor dedicar seus esforços a outra coisa.

KODAWARI E OS BENEFÍCIOS DE PENSAR PEQUENO

Esse tipo de racionalização é estranho para pessoas que têm *kodawari*. Elas não ficam satisfeitas com *lámen* "bom". Não vão parar de procurar qualidade com atum "mediano" (lembre-se de Fujita).

Produzir coisas "boas" ou "medianas" tornaria você razoavelmente bem-sucedido. No entanto, quem tem *kodawari* vai além disso, sem nenhum motivo aparente. "Bom o bastante" não é "bom o bastante" para eles. Dá até para chamar de insanidade criativa.

Em um determinado ponto, um observador casual pode sentir que esses perseguidores da perfeição estão exagerando e que o esforço é demais. Naquele momento, uma coisa milagrosa acontece. Você percebe que há uma profundidade maior na qualidade que você procura. Há uma descoberta, ou a produção de alguma coisa completamente diferente. Com a criação de um novo gênero de produtos, um novo mercado surge, no qual as pessoas estão preparadas para pagar preços acima da média por uma qualidade nunca antes imaginada.

Por exemplo, produzir frutas é um campo no qual os japoneses exibiram um grau particularmente alto de *kodawari*. Os produtores de frutas almejam uma qualidade melhor. Algumas pessoas até vão atrás do sonho de uma "fruta perfeita", por exemplo, um morango com um gradiente de doce e amargo ao longo do eixo longitudinal.

No entanto, uma das características mais interessantes das frutas perfeitas oferecidas em Sembikiya, na excelente loja de frutas do Japão, é que não existe definição única de "perfeito". Só de olhar para a seção de morangos, temos a sensação de que estamos testemunhando o ápice de diferentes linhas de evolução, que não necessariamente levam a uma definição única de que gosto um morango deve ter e como deve ser sua aparência.

No Japão, existe até uma liga de frutas de elite. A Sembikiya existe desde 1834. As frutas vendidas lá são de qualidade tão suprema que, se um produto é aceito para ser vendido em uma das lojas, isso pode ser interpretado como um acesso ao hall da fama das frutas. Ao visitar um dos pontos de venda da Sembikiya em Tóquio ou em outro lugar, é difícil não ficar impressionado com os preços incrivelmente altos e a bela aparência das frutas, que são quase como obras de arte. Um exemplo excelente da fruta perfeita vendida lá é o melão-cantalupo,

KODAWARI E OS BENEFÍCIOS DE PENSAR PEQUENO

que leva o nome de *muskmelon* em inglês por causa de seu aroma particularmente almiscarado. A mera menção da Sembikiya gera uma imagem na imaginação pública de um cantalupo com preço alto, normalmente comprado como presente. De fato, no Japão, dar um cantalupo de presente é considerado a maior expressão de respeito. Um cantalupo da Sembikiya pode custar a partir de 20 mil ienes (U$ 200) ou mais por unidade. Pode parecer ridículo, mas se você soubesse os esforços extremos — e o *kodawari* — envolvidos na plantação de um cantalupo, é possível que achasse uma pechincha.

Os cantalupos vendidos na Sembikiya são produzidos pelo método de "um caule, uma fruta", pelo qual as frutas supérfluas são removidas para não tirarem nutrientes que vão para a fruta principal. Como as pessoas sabem os esforços extraordinários envolvidos na produção de um cantalupo, elas não consideram a etiqueta de preços ridícula, embora, claro, nem todo mundo possa pagar.

Se você tiver a sorte de receber um cantalupo da Sembikiya de presente, prepare-se para uma experiência nova com textura e sabor doce, suculento e sublime. Se não puder comprar a fruta toda, é possível provar fatias oferecidas nos cafés e restaurantes operados pela Sembikiya, onde usam os mesmos cantalupos vendidos nas lojas.

As frutas vendidas na Sembikiya são uma arte biológica produzida pelo *kodawari* de agricultores dedicados. Obviamente, a prova dessa arte está em comer. É possível admirar uma manga *kanjuku* (perfeitamente madura) com preço de mais de 10 mil ienes (U$ 100) a unidade. A manga pareceria uma joia na caixa brilhante preparada especialmente pela Sembikiya. O preço incrivelmente alto deixaria qualquer um inibido de mexer nela, e mais ainda de consumir.

No entanto, a não ser que a fruta seja descascada e cortada, não é possível apreciar o verdadeiro valor da manga perfeitamente madura. Em outras palavras, é preciso destruí-la para apreciá-la.

E como essa experiência é sutil. Você coloca a fruta na boca, mastiga, engole e acabou. Sua experiência gourmet de cem dólares termina.

Talvez o caso de amor japonês com a fruta perfeita seja um reflexo de uma crença no efêmero. *Hanami*, quando os japoneses admiram o florescer da flor de cerejeira na primavera, é um ótimo exemplo.

KODAWARI E OS BENEFÍCIOS DE PENSAR PEQUENO

Os japoneses encaram com seriedade as coisas efêmeras da vida. Comer uma manga perfeita ou um cantalupo magnífico só leva alguns minutos, e isso proporciona uma alegria fugaz. Não é possível se agarrar à experiência. Diferentemente dos estímulos audiovisuais, não há registro do que se come, e é provável que continue assim no futuro próximo. Não é possível tirar uma selfie de um gosto.

A crença no efêmero do *ikigai*, estar no aqui e agora (o quinto pilar), é possivelmente o mais profundo dos cinco pilares do *ikigai*.

Claro que a alegria efêmera não é necessariamente uma marca do Japão. Por exemplo, os franceses levam a sério os prazeres sensoriais. Os italianos também. E, na verdade, também os russos, os chineses e até os ingleses. Cada cultura tem sua própria inspiração para oferecer.

Mas eis outro exemplo de *kodawari* na cultura japonesa: cerâmica.

Os japoneses sempre apreciaram a arte da cerâmica. Tigelas usadas em cerimônias do chá são particularmente valorizadas há séculos. Quando os líderes militares lutavam em batalhas e faziam seus nomes, eles esperavam receber tigelas famosas como recompensas simbólicas. Dizem até que alguns líderes militares ficavam decepcionados quando recebiam só um castelo e terras para governar em vez de uma tigela preciosa.

Tem um tipo particularmente famoso de tigela, que era estimado pelos líderes militares, chamado *yohen tenmoku*. *Yohen* se refere ao conceito de metamorfose no processo de assar cerâmica no forno. Supõe-se que as tigelas *yohen tenmoku* foram produzidas na China no período de poucas centenas de anos a partir do século X. *Tenmoku* é a pronúncia japonesa de Tianmu, uma montanha famosa a oeste de Hangzhou, na China, onde acredita-se que se originam certos tipos de tigelas.

Uma tigela *yohen tenmoku* exibe um padrão de estrela azul-escuro, roxo e de outras cores, como uma galáxia de luminosidade espalhada na expansão negra do cosmos, e é por isso que eu a chamo simplesmente de "tigela estrelada". Só restam três tigelas estreladas no mundo. Todas estão no Japão, e cada uma está registrada como Tesouro Nacional. Cada uma é diferente da outra — elas têm uma individualidade inconfundível e deixam uma impressão inesquecível.

KODAWARI E OS BENEFÍCIOS DE PENSAR PEQUENO

Há muitas lendas sobre tigelas estimadas no Japão, mas a que existe sobre as tigelas estreladas é particularmente tocante. Historicamente, havia uma quarta tigela estrelada, estimada pelo lendário líder militar Nobunaga Oda. Acredita-se que foi destruída quando Nobunaga Oda sofreu uma morte prematura, em 1582, pelas mãos do seu general Mitsuhide Akechi no templo Honnō-ji em Kyoto, em um golpe de estado, bem quando as expectativas aumentavam para que Oda promovesse a nova união do Japão depois do caos provocado pela guerra de Ōnin, que durou mais de cem anos. Tomado de surpresa e vendo que não havia chance de vencer, nem de fugir, o orgulhoso Oda se matou e botou fogo no templo, destruindo tudo, inclusive a valiosa tigela.

Atualmente, a maneira como a tigela estrelada foi produzida é vista como um dos maiores mistérios da história da cerâmica. Acredita-se que foram feitas de feldspato, calcário e óxido férrico.

Dependendo da forma como a argila é preparada e como o vidrado cerâmico é formado e concluído no processo de aquecer e esfriar, as tigelas exibem padrões e texturas variáveis em sua superfície. Essas tigelas são impressionantes pela variedade do acabamento, um processo alquímico de transformação que não é perfeitamente entendido ou controlado por artesãos.

Dentro do vasto universo de padrões possíveis, residem as tigelas estreladas, que provavelmente foram produzidas como resultado de acaso raro. A probabilidade da produção de uma tigela estrelada talvez fosse de menos de uma em dezenas de milhares de exemplares.

A reprodução da tigela estrelada se tornou uma paixão e o *kodawari* de alguns artesãos famosos no Japão. Eles amam tanto essa tigela preciosa que sua reprodução se tornou a paixão de vida deles. Agora, representa o santo graal da cerâmica japonesa.

Um deles é Soukichi Nagae Nono, que é o mestre de nona geração de uma casa de cerâmica com base na cidade de Seto, perto de Nagoya, uma área que Nobunaga Oda governava. Nagae é o sobrenome, enquanto "Soukichi" é o primeiro nome assumido pelos mestres da casa.

A reprodução da tigela estrelada foi originalmente paixão do pai dele, Soukichi Nagae Oitavo. Soukichi Nagae Nono testemunha que seu pai era

KODAWARI E OS BENEFÍCIOS DE PENSAR PEQUENO

o tipo de homem que "depois que começava, dedicava a vida àquilo". Enquanto seu pai estava vivo, desde a infância, ele ouviu o nome "tigela estrelada" mencionado dezenas de milhares de vezes, preenchendo a rotina deles. De fato, seu pai era tão encantado pela busca da tigela estrelada que, por um tempo, abandonou o trabalho diurno, que era a produção de cerâmica Seto convencional. Soukichi Nagae Oitavo fez algum progresso, e em determinado ponto pareceu que o sucesso estava próximo. E o longo impasse começou. Sem completar a reprodução da tigela estrelada, ele faleceu após um derrame. Nagae, depois de assumir o título de Soukichi Nono, iniciou seus próprios esforços para reproduzir a tigela. Ele comprou mais de cem materiais diferentes para fazer cerâmica e tentou combinações diferentes, com proporções variadas. Nagae tentou mais de 700 tipos de *yuyaku*, um coquetel especial de materiais usados para cobrir a cerâmica antes de passar pelo processo de cozimento.

Acredita-se que as tigelas estreladas foram feitas em fornalhas de cerâmica Jian, na província de Fujian, na China. Havia umas dez fornalhas no distrito produzindo cerâmica Jian, e parece mais provável que as tigelas estreladas tenham sido feitas em uma delas.

Uma das fornalhas que foram escavadas nos tempos modernos tinha comprimento de 135 metros, e mais de cem mil objetos de cerâmica foram colocados nela ao longo dos anos. O local de produção das cerâmicas Jian foi usado por mais de trezentos anos, entre os séculos X e XIII d.C. As tigelas estreladas são apenas parte das milhões de peças produzidas lá.

Soukichi Nagae Nono importou um contêiner cheio de terra do local de produção das cerâmicas Jian, que pesava quarenta toneladas, ou o equivalente em material para dez mil tigelas. Fazer tigelas da terra de Jian era um sonho que lhe foi passado pelo pai, Soukichi Nagae Oitavo.

Para Nagae, replicar uma tigela estrelada era como construir uma pirâmide. No cume, você encontra as tigelas estreladas. No entanto, é preciso aplainar o piso primeiro para tornar a subida possível.

No local de produção das cerâmicas Jian, ainda há montanhas de peças estragadas. Camadas de pedaços quebrados, às vezes com mais de dez metros de profundidade, cobrem uma área de doze hectares. Estranhamente, nunca descobriram um fragmento de tigela estrelada lá. Isso levou a várias especulações, inclusive algumas teorias de conspiração.

No entanto, em 2009, fragmentos de uma tigela estrelada foram descobertos em um local de construção na cidade de Hangzhou, que era a verdadeira capital da dinastia Song (1127-1279), dando fim às teorias de conspiração existentes. Atualmente, acredita-se que as tigelas estreladas foram realmente produzidas por artesãos do distrito da cerâmica Jian.

Em 2002, Soukichi Nagae Nono fez uma apresentação em um simpósio internacional que aconteceu em Jingdezhen, uma cidade que produz cerâmica há 1.700 anos e é conhecida como "capital da porcelana". Na apresentação, Nagae expôs a base de sua abordagem para replicar essas cerâmicas antigas. Nagae levantou a hipótese de que o uso e a vaporização de fluorita nas fornalhas da cerâmica Jian contribuíram para a formação de vários padrões na cerâmica *tenmoku*, inclusive o das tigelas estreladas.

Atualmente, há alguns sinais promissores de sucesso na reprodução das tigelas estreladas, mas a busca de Nagae está longe de ter terminado.

A história das tigelas estreladas é característica da mentalidade japonesa de várias formas. A primeira característica é a grande curiosidade exibida em relação às coisas que vêm de fora, como essas tigelas da China.

Como já foi mencionado, as três tigelas estreladas que ainda estão no Japão são designadas Tesouros Nacionais pela Agência de Assuntos Culturais, uma organização governamental que lida com esse tipo de questão.

Existem numerosos outros exemplos de artefatos originários de outros países que são muito valorizados e ganham status de grande reconhecimento pelo governo japonês. A denominação Tesouro "Nacional" não tem nada a ver com nacionalismo chauvinista.

O povo do Japão é bom em absorver, adaptar e se apropriar de uma coisa que foi importada, sejam caracteres chineses nos tempos antigos ou as técnicas usadas para fazer os jardins ingleses nos anos recentes. O beisebol foi importado dos Estados

KODAWARI E OS BENEFÍCIOS DE PENSAR PEQUENO

Unidos e evoluiu até ser um esporte japonês com características bem distintas.

Veja *Anne de Green Gables*, da romancista canadense Lucy Maud Montgomery, ou *A família Mumin*, do autor finlandês Tove Jansson. Os dois livros se tornaram séries de animação de sucesso. O romancista Haruki Murakami traduz trabalhos escritos em inglês, principalmente os de Raymond Carver. Devido à reputação do próprio romancista e em parte por causa da qualidade da tradução, autores traduzidos se tornaram bem populares entre os leitores japoneses, com um acompanhamento quase de culto.

Como vimos neste capítulo, os japoneses, às vezes, se dedicam a produzir coisas com uma atenção tão meticulosa que beira o impossível, como as frutas perfeitas vendidas na Sembikiya ou as tentativas de reproduzir as tigelas estreladas.

O *ikigai* originário de viver de acordo com seu *kodawari* costuma ser o motor por trás dessas ações. Se você encarar o *kodawari* no sentido estático, pode, às vezes, incorrer numa inflexibilidade de método, uma ênfase na tradição e um fechamento da mente a influências externas.

No entanto, como vimos até agora, *kodawari* não necessariamente leva a uma rejeição de influências externas. Ao contrário, os japoneses foram e ainda são um povo curioso.

Decididamente, começar pequeno é a principal característica dos dias de juventude. Quando somos jovens, não se pode começar as coisas de um jeito muito grande. O que quer que se faça, não importa muito para o mundo. É preciso começar pequeno. E o que se tem em abundância é mente aberta e curiosidade, os grandes motivadores dedicados a uma certa causa. Crianças são sempre questionadoras, dá para ver qual é a ligação entre a curiosidade e o *ikigai*.

Por acaso, no Japão pós-guerra, o Supremo Comandante das Forças Aliadas, o general Douglas MacArthur (que foi o líder da nação como governante militar principal do QG), ficou famoso ao se referir ao Japão como "uma nação de crianças de doze anos". Nesse comentário, MacArthur estava falando da natureza imatura da democracia do Japão na época. A frase era para ser pejorativa.

No entanto, se você considerar a ideia de que uma mentalidade jovem com sua expressão ávida de curiosidade é uma vantagem na vida, o comentário de MacArthur poderia ser visto como elogio.

Possivelmente, *ikigai* faz de todos nós um Peter Pan. E isso não é necessariamente uma coisa ruim. Sejamos todos crianças de doze anos!

A juventude da mente é importante para o *ikigai*, mas o compromisso e a paixão também, por mais que seu objetivo pareça insignificante.

CAPÍTULO 4

A beleza sensorial do *ikigai*

Uma tigela estrelada em boas condições, se levada a leilão, chegaria a milhões de dólares. Das que restam, a tigela estrelada de Inaba (*inaba tenmoku*) é vista como a mais delicada das três. Foi passada do Xogunato Tokugawa para a casa de Inaba, e custaria milhões de dólares se fosse colocada no mercado atual.

Koyata Iwasaki, o quarto presidente do conglomerado Mitsubishi e um dos homens mais ricos do Japão moderno, tornou-se o dono dessa tigela específica em 1934. No entanto, considerando-se indigno dela, Iwasaki nunca a usava em suas cerimônias do chá.

Os japoneses fazem um certo alarde por tigelas bonitas. Afinal, uma tigela é só uma tigela, e sua função é conter líquido. Em termos dessa capacidade, não é diferente de uma tigela qualquer do mercado.

E, embora o entusiasmo por esses recipientes certamente tenham paralelo em outras culturas, a percepção é que há algo de único na cultura japonesa que torna a paixão por elas extraordinária. De onde esse tipo de entusiasmo sensorial vem?

No primeiro capítulo, fizemos referência à hipótese léxica, que declara que expressões de importantes traços de personalidade na vida acabam constituindo parte da linguagem diária, como é o caso do *ikigai*.

Há outro aspecto interessante da língua japonesa, que vale a pena analisar e que é particularmente pertinente aqui.

Em japonês, um cachorro late fazendo *wan wan*, enquanto um gato faz *nya nya*. Em português, fazem au-au e miau, respectivamente. Todas as línguas têm sua cota de expressões onomatopaicas, mas é considerado de forma geral que a língua japonesa tem uma variedade abundante incomum delas.

A BELEZA SENSORIAL DO *IKIGAI*

Às vezes, são chamadas de simbolismo sonoro japonês, e costumam ser feitas da mesma palavra dita duas vezes.

Por exemplo, *bura bura* quer dizer um jeito descompromissado e livre de caminhar, enquanto *teka teka* descreve uma superfície reluzente. *Kira kira* se refere ao brilho de luz, enquanto *gira gira* é uma fonte de luz intensa, quase ofuscante, como o farol de uma motocicleta à noite. *Ton ton* se refere a um som de batida leve, enquanto *don don* é um som pesado e alto. Um dicionário de onomatopeias editado por Masahiro Ono (2007) lista 4.500 exemplos de simbolismo sonoro.

Com a crescente popularidade de mangás e animes japoneses, um número crescente de pessoas em todo o mundo se interessa pelo simbolismo sonoro japonês, pois muitas das expressões são usadas em mangás populares e trabalhos de anime. No entanto, as onomatopeias japonesas são difíceis de dominar, em parte por causa da sutileza na forma como são usadas e em parte porque há muitas.

Diferentemente de outras culturas, os japoneses continuam a usar simbolismos sonoros na vida adulta, assim como na infância. De fato, não é incomum os japoneses usarem simbolismos sonoros ao discutir coisas em um contexto profissional. Essa estrutura de percepção se desenvolveu mais em alguns campos da indústria do que outros, como, por exemplo, a gastronomia.

Dá para imaginar chefs como Ono Jiro e negociantes experientes de peixe como Hiroki Fujita usando onomatopeias nas conversas, porque o simbolismo sonoro costuma ser usado para descrever textura e sabor de comida.

De forma similar, podemos ter certeza de que guerreiros samurais usavam onomatopeias para discutir a qualidade de espadas, do brilho à textura da superfície da lâmina. Artistas que produzem mangá também fazem uso frequente de palavras como *ton ton* e *don don,* que são usadas para refletir as nuances sutis das ações dos personagens.

O fato de haver tanto simbolismo sonoro na língua japonesa sugere, de acordo com a hipótese léxica, que há correlação entre isso e o jeito como os japoneses percebem o mundo. Os japoneses parecem distinguir entre muitas nuances diferentes de experiência, prestando atenção à pletora de qualidades sensoriais. A proliferação de onomatopeias reflete

A BELEZA SENSORIAL DO *IKIGAI*

a importância das nuances sensoriais detalhadas na vida dos japoneses.

Esse tipo de atenção aos detalhes alimentou uma cultura em que artesãos continuam a receber respeito em uma era em que ondas de inovações prometem mudar nossas vidas.

O Japão continua tendo um grande número de produtos tradicionais ainda feitos por artesãos. Esses artistas, embora não sejam extrovertidos e tampouco excêntricos, são muito valorizados e têm papel importante dentro da sociedade japonesa. É muito comum que as vidas deles sejam vistas como incorporação do *ikigai* — vidas que são dedicadas a criar uma coisa da melhor forma, por menor que ela seja.

O trabalho de artesãos costuma ser fisicamente intenso e demandar tempo. Como resultado, o produto costuma ser altamente refinado e de excelente qualidade. Consumidores japoneses reconhecem que tempo e esforço foram gastos na criação desses bens e apreciam a qualidade, mesmo em áreas variadas como a elaboração de facas, espadas, lâminas, cerâmica, laqueados, papel *washi* e tecelagem.

A ética e o trabalho dos artesãos continuam a ter um impacto em uma gama ampla de atividades econômicas. De forma similar, a compreensão e a abordagem japonesa da grande variedade de qualidades sensoriais levaram a correspondentes artesanato refinado e técnicas de manufatura.

Apesar de as empresas japonesas estarem perdendo há muitos anos no campo de eletrônicos de consumo, uma área na qual os japoneses ainda são proeminentes é a manufatura de instrumentos intrincados como câmeras médicas. A engenharia de precisão de ponta e o compromisso com a perfeição deixam as câmeras médicas japonesas entre as melhores do mundo. De forma similar, no caso de dispositivos semicondutores, os fabricantes japoneses têm vantagem, sendo o acúmulo de conhecimento e as operações cuidadosamente coordenadas necessárias para a produção eficiente e de alta qualidade.

Prestar atenção à variedade de experiências sensoriais é indispensável para executar as operações delicadamente ajustadas que formam o artesanato e também a manufatura de alta tecnologia. Assim como com o artesanato, essas capacidades

A BELEZA SENSORIAL DO *IKIGAI*

cognitivas se refletem na estrutura linguística da língua. A riqueza da língua japonesa em relação às onomatopeias reflete essa sensibilidade delicadamente ajustada.

Como vamos ver mais para a frente, no capítulo *O que não mata fortalece*, na mente japonesa, cada qualidade sensorial é equivalente a um deus. Os japoneses tendem a acreditar que há uma profundidade infinita nas nuances exibidas pela variedade de cores na natureza e nos artefatos, assim como a história de Deus criando o universo é profunda.

Sei Shōnagon, uma cortesã que serviu a Imperatriz Teishi por volta do ano 1000, é famosa por sua coleção de ensaios *Makura no soshi* (*O livro do travesseiro*). Em um ensaio, Sei Shōnagon dedica atenção meticulosa às pequenas coisas da vida. Eis um exemplo (em tradução minha): "Coisas fofas. Um rosto de criança pintado em um melão. Um pardal filhote pulando na direção de um guincho imitado de rato. Um bebê engatinhando com pressa, encontrando uma bolinha de poeira e pegando com dedinhos lindos para mostrar para os adultos".

Sei Shōnagon não usa palavras grandiosas para descrever a vida. Ela só presta atenção às pequenas coisas da vida, entendendo instintivamente a importância do pilar estar no aqui e agora. Sei Shō nagon também não fala sobre si mesma. Referir-se às pequenas coisas que a cercam dá uma expressão da individualidade dela de forma bem mais eficiente do que uma referência direta a si mesma.

A abordagem de Sei Shōnagon expressa em *O livro do travesseiro* pode ser ligada ao conceito contemporâneo de *"mindfulness"*. Para praticar *mindfulness*, é importante estar no aqui e agora sem fazer julgamentos apressados. Uma insistência em si mesmo é considerada como algo que atrapalha a conquista do estado de *mindfulness*.

Considerando quando *O livro do travesseiro* foi escrito (foi terminado em 1002), a natureza fundamentalmente secular dos ensaios é um prenúncio do contemporâneo *zeitgeist* um milênio antes. É quase como se a autora, Sei Shōnagon, pertencesse aos tempos modernos.

Uma das contribuições únicas do Japão com a filosofia de vida aplicada no sentido da vida, portanto, talvez viesse de uma negação de si mesmo.

Uma criança despreocupada não precisa de *ikigai* para seguir em frente, um ponto salientado

A BELEZA SENSORIAL DO *IKIGAI*

por Mieko Kamiya em seu famoso livro *On the Meaning of Life (ikigai)*. Uma criança despreocupada não carrega o peso de uma definição social do eu. Uma criança ainda não está presa à uma profissão específica, nem ao status social.

Seria maravilhoso manter o jeito infantil ao longo da vida. Isso nos leva ao segundo pilar do *ikigai*, libertar-se.

Assim como Sei Shōnagon quase nunca se refere à sua própria posição na sociedade em todo *O livro do travesseiro*, como se tivesse nascido naquela manhã, como a neve virgem caindo no chão, esquecer a si mesmo nos leva a um princípio-chave do Zen Budismo. É interessante observar como a negação de si mesmo anda de mãos dadas com a apreciação do presente, em uma realização da filosofia de *mindfulness*. Libertar-se está altamente relacionado a estar no aqui e agora. Afinal, foi nas tradições da meditação budista que o conceito moderno de *mindfulness* nasceu.

O templo Eihei-ji, à leste de Fukui, Japão, é um dos centros de excelência do Zen Budismo. Fundado em 1244 por Dōgen, o templo Eihei-ji continua totalmente operante atualmente, como local de aprendizado e treinamento de futuros monges. Milhares de candidatos se inscrevem e estudam no templo, para treinar, meditar e obter qualificações. Para ser aceito como discípulo do templo, um candidato precisa ficar parado na frente do portão durante dias, às vezes debaixo de chuva. Apesar de poder parecer abuso do ponto de vista moderno, há uma lógica para uma apresentação tão degradante ao mundo do Zen ser considerada necessária, principalmente em relação à negação do eu.

Jikisai Minami é um monge budista que teve a rara experiência de ficar dentro da área do templo Eihei-ji por mais de dez anos (a maioria dos discípulos fica apenas alguns anos para se qualificar). Minami diz que uma das regras mais importantes do templo Eihei-ji (e assim do Zen Budismo em geral) é que não há "sistema de mérito". No mundo externo, as pessoas recebem créditos ou elogios por fazerem coisas valiosas, coisas boas. Dentro do templo Eihei-ji, no entanto, não existe a possibilidade de se conseguir um prêmio por um ato louvável. Quando você entra no sistema, independentemente do que faça, por mais dedicadamente que medite, por mais consciente que você seja ao

A BELEZA SENSORIAL DO *IKIGAI*

executar as tarefas diárias, não faz diferença. Você é tratado como qualquer outro discípulo comum: você se torna um ser anônimo, quase invisível; a individualidade perde qualquer sentido de relevância.

O cronograma no templo Eihei-ji é árduo. Os discípulos acordam às três da madrugada, e depois de se lavarem, praticam meditação matinal. Depois da meditação, vem uma programação pesada que consiste em mais meditação, limpeza e várias tarefas. Os discípulos fazem três refeições por dia. O cardápio é bem simples e inclui arroz, sopa e alguns itens vegetarianos.

Durante o dia, o templo Eihei-ji é aberto ao público, e turistas podem entrar no local. Os discípulos compartilham o mesmo espaço que os turistas. De tempos em tempos, acontece de turistas encontrarem discípulos andando pelos corredores. O contraste entre a aparência dos turistas e a dos discípulos não poderia ser maior. Os turistas levam o ar do mundo mais amplo, com ênfase na autopercepção, na pressão de fazer bom uso de si mesmo, de receber elogios com eficiência. Os discípulos, por outro lado, passam como se não estivessem cientes da própria presença, menos ainda da dos outros. Eles tiveram sucesso no pilar libertar-se do *ikigai*. Eles são magros, com pele lisa (dizem que a dieta de Eihei-ji é boa para a beleza facial) e exibem uma concentração que pode fazer até um observador ficar com inveja.

Na verdade, imagine por um momento que você é um dos discípulos no templo Eihei-ji. O fluxo sensorial na sua mente está carregado com a arquitetura exótica, com a beleza interior e outras belezas que foram elaboradas, cuidadas e polidas ao longo dos anos. Apesar de sua satisfação material ser mínima e de não haver satisfação para o ego, cada momento desperto passado em Eihei-ji seria um fluxo ininterrupto de beleza sensorial.

Quando você está imerso no ambiente do templo, a sensação de euforia é quase atemporal. Como se para compensar a perda de individualidade e do sistema de méritos, há abundância de beleza serena no templo, oferecendo o ambiente no qual os discípulos executam rituais diários.

O neurocientista de Cambridge (Reino Unido), Nicholas Humphrey, que discutiu a importância funcional da consciência em seu livro *Soul Dust: the*

A BELEZA SENSORIAL DO *IKIGAI*

Magic of Consciousness, argumenta que a consciência é funcionalmente importante porque dá prazer sensorial — um motivo para dar continuidade à vida.

Humphrey usa o exemplo extraordinário do ritual do último café da manhã de prisioneiros antes de sua execução nos Estados Unidos. Os prisioneiros têm o privilégio final de escolher seu próprio cardápio. Humphrey cita o último cardápio do prisioneiro postado no site do Departamento de Justiça Criminal do Texas. Um detento pode selecionar filé de peixe frito, batatas fritas, suco de laranja, bolo de chocolate alemão, enquanto outro pode preferir um prato de frango empanado. A questão é que eles dedicam um tempo considerável a pensar na última refeição da vida, um testemunho da importância dos prazeres sensoriais que tiramos da comida. Podemos dizer que é uma forma essencial de estar no aqui e agora. É quase como se encontrar o *ikigai* em um certo ambiente pudesse ser visto como uma forma de adaptação biológica. Você pode encontrar seu *ikigai* em uma quantidade ampla de condições, e a chave para essa resiliência é o prazer sensorial.

Na ciência contemporânea da consciência, as qualidades sensoriais que acompanham uma experiência, inclusive no consumo culinário, são chamadas de "qualia". O termo se refere às propriedades fenomenológicas da experiência sensorial: a vermelhidão do vermelho, a fragrância de uma rosa ou a frieza da água são exemplos de qualia. Como o qualia surge de atividades de neurônios no cérebro, é o grande mistério não resolvido na neurociência ou, de fato, da ciência toda. Nada nos empolga tanto quanto um bom mistério. Se você coloca um morango na boca (não precisa ser um dos perfeitos de Sembikiya), você tem um certo espectro de qualia, que presumivelmente lhe daria prazer. E o prazer é equivalente ao mistério da vida.

Anteriormente, chamamos atenção para o fato de que há muitos exemplos de onomatopeias (simbolismos sonoros) na língua japonesa. Afinal, as onomatopeias são só representações de vários qualia encontrados na vida.

Há uma ligação profunda aqui. De uma forma misteriosa, libertar-se está ligado à descoberta dos prazeres sensoriais. A cultura japonesa, com sua abundância de onomatopeias, cultivou essa ligação, alimentando um sistema robusto de *ikigai* nesse processo. Ao nos aliviar do peso da individualidade, nós podemos nos abrir para o universo infinito de prazeres sensoriais.

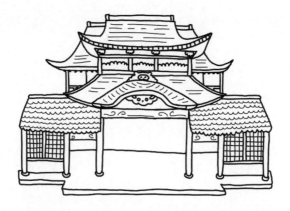

CAPÍTULO 5

Fluxo e criatividade

A negação da individualidade parece um pouco pejorativa. Ela conjura pensamentos de negação e também de rejeição. No entanto, se você entende a repercussão benéfica que vem com essa abordagem dentro do contexto de *ikigai*, nada se torna mais positivo.

Se você conseguir atingir o estado psicológico de "fluxo", como descrito pelo psicólogo americano nascido húngaro Mihaly Csikszentmihalyi, você obterá o máximo do *ikigai*, e coisas como tarefas diárias vão ficar até mais agradáveis. Você não vai sentir necessidade de reconhecimento do seu trabalho ou dos seus esforços, não vai ficar procurando nenhum tipo de recompensa. A ideia de viver em um estado contínuo de euforia, sem procurar gratificação imediata por reconhecimento externo, de repente está ao nosso alcance.

De acordo com Csikszentmihalyi, fluxo é um estado no qual as pessoas estão tão envolvidas em uma atividade que mais nada parece importar. É assim que se pode encontrar prazer no trabalho. O trabalho se torna um fim por si só em vez de uma coisa a ser suportada como meio de alcançar outro objetivo. Quando em fluxo, você não trabalha mais para ganhar dinheiro para seu sustento. Pelo menos, essa não é sua primeira prioridade. Você trabalha porque trabalhar dá um prazer imenso. O salário é um bônus.

A negação da individualidade, portanto, se torna uma libertação do peso da individualidade e também um aspecto fundamental do fluxo. Corresponde ao segundo pilar do *ikigai*, que é libertar-se. Naturalmente, como entidade biológica, você se preocupa com o seu bem-estar e com a satisfação de seus desejos. Isso é normal. No entanto, para alcançar esse estado, você precisa libertar seu ego. Afinal, não é o ego o importante. É o acúmulo das

FLUXO E CRIATIVIDADE

nuances infinitas dos elementos envolvidos em um trabalho que é importante. Você não é o mestre, o trabalho é o mestre, e no fluxo você consegue se identificar com seu trabalho de forma alegre e simbiótica.

Uma busca séria de objetivo pessoal não é algo desconhecido no Japão. A vida precisa de coerência, e ajuda ter um senso de direção, uma visão dos objetivos da vida, mesmo quando se tem coisas pequenas para apoiar seu *ikigai*. De fato, a coerência e um senso de objetivos de vida fazem pequenos pedaços de *ikigai* brilharem.

Dentre os que valorizam porcelana antiga no Japão, às vezes dizem que a "criação inconsciente" produz as melhores obras de arte. Argumenta-se que, nos tempos modernos, os artistas ficaram cientes demais de sua própria individualidade. Nos tempos antigos, os artistas não faziam seus produtos para reivindicar seus direitos como criadores. Eles só faziam o trabalho deles, sem esperar mais nada além de que as pessoas achassem as peças úteis em suas vidas diárias. Segundo os conhecedores, as porcelanas que restam dos tempos antigos exibem um estado de pureza e sinceridade que não é encontrado atualmente. Há expressões anônimas de beleza nessas peças.

Estar em estado de fluxo, livre do peso da individualidade, aparece na qualidade do trabalho. A beleza das tigelas estreladas é precisamente sublime, por serem produtos de empreitadas inconscientes. Pode-se argumentar que as tentativas modernas de reeditar as tigelas estreladas falharam no momento de reproduzir a beleza serena das antiguidades por causa da ação consciente de querer criar uma coisa bonita e única. Talvez nós saibamos intuitivamente a verdade dessa visão. Em um mundo obcecado com selfies, autoajuda e autopromoção, esse princípio pareça ainda mais pertinente.

Atualmente, animes japoneses são mundialmente famosos, porém, é de conhecimento geral que os animadores não são bem pagos. Em comparação a trabalhos mais práticos como em bancos e em vendas, o salário de um animador mediano é baixo. Apesar disso, trabalhar como animador continua sendo o emprego dos sonhos de muitos jovens e, mesmo sabendo que não vão ser capazes de ganhar uma fortuna, gerações após gerações de candidatos a animadores vão para os estúdios.

FLUXO E CRIATIVIDADE

Fazer animes é um trabalho difícil. Para Hayao Miyazaki, o grande mestre da animação japonesa conhecido por trabalhos como *A viagem de Chihiro* e *Meu amigo Totoro*, fazer filmes significa longas horas de trabalho árduo. Miyazaki nunca sai da mesa e desenha milhares de esboços que definem os personagens e designam as cenas; esses esboços são trabalhados e refinados pelos animadores do Studio Ghibli, a empresa que ele ajudou a fundar.

Já tive o imenso prazer de entrevistar Hayao Miyazaki no Studio Ghibli. Ele já recebeu muitos prêmios, mas, a julgar por seus comentários, as verdadeiras recompensas pelo trabalho vêm do ato de fazer anime. Hayao Miyazaki faz anime em um estado de fluxo, e dá para perceber. Dá para sentir a qualidade da euforia emanando do trabalho dele. Uma criança é um consumidor de honestidade absoluta. Não se pode impor uma coisa a uma criança, por maior que seja o valor educacional que você ache que ela tem. Portanto, o fato de uma criança, ao ver um trabalho de anime do Studio Ghibli, continuar assistindo voluntariamente e pedir mais, é um grande testemunho da qualidade dos filmes feitos por Hayao Miyazaki.

Minha teoria é que ele entende a psicologia de uma criança, talvez por ter uma criança interior viva dentro de si mesmo. Estar no fluxo é valorizar estar no aqui e agora. Uma criança sabe o valor de estar no presente. Na verdade, uma criança não tem ideia clara do passado e do futuro. A felicidade dela está no presente, assim como a de Miyazaki.

Miyazaki me contou uma história que deixou uma impressão forte e duradoura. Uma vez, uma criança de cinco anos foi visitar o Studio Ghibli. Depois que brincou por um tempo nos estúdios, Miyazaki levou a criança e o pai para a estação seguinte. Na ocasião, Miyazaki tinha um carro conversível. "Essa criança adoraria andar com a capota abaixada", pensou Miyazaki. Mas, quando ele estava tentando abri-la, uma chuva leve começou a cair. "Talvez em uma próxima ocasião", pensou Miyazaki, e dirigiu até a estação com o capô fechado.

Um tempo depois, ele começou a sentir um certo remorso. Percebeu que, para uma criança, um dia é um dia e nunca volta. Uma criança cresce e deixa de ser criança muito rápido. Mesmo se a criança voltar um ano depois e fizer o passeio com o

FLUXO E CRIATIVIDADE

capô aberto, não será a mesma coisa. Em outras palavras, o momento precioso se perdeu para sempre, e por causa da decisão de Miyazaki.

As palavras dele foram muito sinceras, e eu fiquei profundamente tocado. Se houvesse necessidade de prova da capacidade de Miyazaki de se colocar na posição de uma criança e produzir uma obra-prima atrás da outra de anime que as encantaria, ali estava. Miyazaki manteve sua criança interior viva. A característica mais importante da existência de uma criança é viver no presente, aqui e agora. A mesma atitude é vital para a vida criativa.

De certa forma, Walt Disney era outro evangelista do estar no aqui e agora. Ele fazia animações também em estado de fluxo a julgar pela mera qualidade do legado que deixou. Apesar de seu enorme sucesso — cinquenta e nove indicações para o Oscar e vinte e dois Oscars —, ele nunca teria chegado a essa posição sem mergulhar na tarefa demorada e excessivamente intricada da animação. Uma vez, Disney ouviu de alguém que ele era popular o suficiente para concorrer à presidência. Por que ele iria querer ser presidente, retorquiu Walt, quando já era o rei da Disneylândia?

Atualmente, muitas pessoas, jovens e velhas, vivenciam o fluxo enquanto assistem a uma animação da Disney ou se divertem em algum brinquedo dos parques. Talvez o maior legado de Walt Disney tenha sido tornar a experiência do fluxo tangível e sustentável para que pudesse ser compartilhada por milhões de pessoas comuns, que de outra forma teriam perdido a magia da infância para sempre.

No contexto do fluxo, ou da relação entre trabalho e individualidade, a atitude japonesa talvez seja única, pelo menos em comparação ao conceito padrão no oeste. Pessoas como Walt Disney são exceção. Porque, diferentemente da tradição cristã, em que o trabalho costuma ser visto como um mal necessário (metaforicamente um resultado da expulsão de Adão e Eva do Jardim do Éden devido ao pecado original), os japoneses encaram o trabalho como uma coisa de valor positivo por si só. A atitude em relação à aposentadoria é diferente no Japão; lá, os trabalhadores assalariados anseiam por fazer algum trabalho mesmo depois de chegarem à idade de aposentadoria designada pela empresa deles — e não porque lhes falta alguma coisa para fazer.

FLUXO E CRIATIVIDADE

Embora as condições de trabalho japonesas provavelmente estejam longe de serem perfeitas, muitas pessoas gostam de trabalhar em vez de se aposentar. Estar em estado de fluxo torna o trabalho sustentável e agradável. É bem sabido que Hayao Miyazaki anunciou sua "aposentadoria", mas voltou a trabalhar em um longa de animação (que envolve muito trabalho) depois. O anúncio de aposentadoria mais recente veio depois do término de *Vidas ao vento* em 2013, fazendo com que muitos considerassem esse longa como a despedida do grande diretor. No entanto, na época da escrita do livro, havia boatos de que Hayao Miyazaki estava trabalhando de novo em um projeto de longa de animação. Parece que ele não consegue se distanciar do local de trabalho.

Csikszentmihalyi testemunha que uma fonte de inspiração para seu trabalho em fluxo veio quando ele observou um amigo pintor trabalhando em sua arte por horas a fio, sem qualquer perspectiva de vender o trabalho e, nem de receber recompensa financeira por ele.

Esse estado de espírito em particular, ou ética de trabalho, em que você mergulha na alegria de estar no aqui e agora, sem pedir recompensa ou reconhecimento imediato, é uma parte integral do conceito japonês de *ikigai*.

Vamos observar a fabricação de uísque japonês. Você vai ver que a produção de uísque no Japão é um exemplo surpreendente da atitude fundamentalmente positiva em relação ao trabalho. É um trabalho de amor aliado à negação da individualidade. Também está bem ligado ao estado de fluxo.

Quando pensamos bem, não há motivo para o Japão fazer uísque. O país não planta cevada; não tem turfa. No entanto, por décadas, os japoneses se dedicaram à tarefa de criar excelentes uísques, e agora produzem destilados reconhecidos internacionalmente e premiados. Alguns especialistas chegam ao ponto de contar o uísque japonês dentre os cinco maiores uísques do mundo, juntamente com o escocês, o irlandês, o bourbon e o canadense.

Vejamos Ichiro Akuto, que cuida de instalações modestas com apenas dois pequenos alambiques de processo de fogo contínuo nas colinas de Chichibu. A família Akuto produz saquê, a bebida alcoólica tradicional japonesa, desde 1625. Foi em 2004 que Ichiro Akuto decidiu começar a produzir uísque, sendo que a nova destilaria ficou pronta em

2007. A primeira produção do uísque *single malt* de Chichibu foi em 2011. Apesar de sua entrada bem recente no mercado competitivo dos uísques, o de Akuto já é muito bem-visto no mercado mundial e recebe excelentes críticas. A série Cartas do Baralho era composta de 54 uísques *single malt*, cada um com um rótulo distinto com uma carta de baralho, e foi lançada ao longo de um período de vários anos. O conjunto completo chegou a um preço de $ 4 milhões em Hong Kong. O uísque *single malt* de Akuto, lançado com o nome "Ichiro's Malt", também chega a preços altos. Muitos veem Ichiro Akuto como um novo astro em ascensão no mundo da produção de uísque.

Seiichi Koshimizu, o mestre do Suntory, o grupo japonês de fermentação e destilaria, está envolvido com a intrincada arte de encontrar a mistura perfeita há muitos anos. Ele é responsável pela mistura de marcas premiadas, como a Hibiki, e já ganhou numerosos prêmios. Mas os frutos do trabalho intrincado costumam ficar aparentes apenas depois de décadas. Koshimizu, agora com a idade madura de sessenta e oito anos, talvez nunca veja como serão os frutos do trabalho atual.

Koshimizu é um homem de costumes autoimpostos. Ele ingere exatamente o mesmo cardápio (sopa com macarrão *udon*) de almoço todos os dias, para não alterar a capacidade importantíssima de sua língua de sentir o sabor. Sua arma principal é a confiabilidade constante, imutável como os barris que ficam imóveis no depósito para maturação do uísque.

Certa vez, ele me contou uma filosofia interessante sobre a mistura do uísque. Não é possível, disse ele, prever como um uísque em um barril em particular vai evoluir ao longo dos anos. Mesmo que você coloque o mesmo uísque em barris de carvalho similares, cada um vai maturar com um sabor e gosto diferentes depois de anos armazenado. De acordo com ele, pode acontecer de a personalidade do uísque maturado em um barril em particular ser forte demais para ser apreciado sozinho. Mas, quando misturado com outros uísques, a característica forte vai ficar diluída e pode dar uma finalização surpreendentemente satisfatória ao uísque misturado.

Não é interessante como um elemento, que pode não ser apreciado sozinho, acabe sendo quem

FLUXO E CRIATIVIDADE

contribui para a qualidade geral ao ser misturado com elementos de personalidades diferentes? É como a essência da vida em si. A interação complexa entre vários elementos em um sistema orgânico deixa a vida robusta e sustentável.

O interesse japonês no vinho é mais recente, mas atualmente estamos vendo o mesmo processo em andamento, com muitos pequenos produtores procurando criar vinhos de padrão mundial. Há um tema comum na preparação do uísque e do vinho — a importância de trabalhar pacientemente por muitos anos, sem expectativa de recompensa ou reconhecimento imediatos. Talvez seja uma coisa na qual os japoneses são bons, com a ajuda de um sentimento robusto de *ikigai*.

Estar em estado de fluxo é importante para tornar seu trabalho agradável, mas, ao mesmo tempo, a atenção aos detalhes precisa existir para melhorar a qualidade do que é executado.

Estar imerso em tirar prazer do aqui e agora, e cuidar dos menores detalhes enquanto faz isso, é a essência do domínio da cerimônia do chá. É extraordinário que Sen no Rikyū, o fundador da cerimônia do chá que viveu no século XVI, tenha chegado a esse conceito na era Sengoku, quando os líderes militares samurais lutavam uns contra os outros em uma batalha após a outra, e no que era presumivelmente uma época muito estressante de se viver.

Tai-an, a única casa de chá que resta das elaboradas por Sen no Rikyū, é muito pequena, com pouco espaço para acomodar o mestre do chá e alguns poucos convidados. A casa de chá foi intencionalmente elaborada para ser compacta, para que os guerreiros samurais, que eram os convidados principais da cerimônia do chá, pudessem ter uma conversa íntima.

Os samurais tinham que deixar suas espadas na entrada, pois, intencionalmente, não havia espaço para suas armas. Eles até tinham que contorcer o corpo e se inclinar para conseguir entrar. O conceito japonês, *ichigo ichie* (que significa, literalmente, "uma vez, um encontro") vem originalmente da tradição da cerimônia do chá.

Rikyū é o mais provável criador dessa ideia importante. *Ichigo ichie* é a apreciação da característica efêmera de qualquer encontro com pessoas, coisas ou eventos na vida. Precisamente porque um encontro é efêmero, então, ele deve ser levado

FLUXO E CRIATIVIDADE

a sério, já que a vida é cheia de coisas que só acontecem uma vez. A percepção dessa "característica única" dos encontros e prazeres da vida oferece a base da conceitualização japonesa do *ikigai* e é essencial na filosofia de vida japonesa.

Quando você repara nos pequenos detalhes da vida, nada se repete. Cada oportunidade é especial. É por isso que os japoneses tratam cada pequeno detalhe de qualquer ritual como se fosse uma questão de vida e morte.

A tradição da cerimônia do chá está muito viva atualmente. De fato, essa tradição é interessante porque os cinco pilares do *ikigai* parecem estar incorporados nela. Em uma cerimônia do chá, o mestre prepara cuidadosamente os ornamentos no aposento, prestando a maior atenção a detalhes como o tipo de flor a ser colocada na decoração da parede (começar pequeno).

O espírito da humildade é a marca registrada do mestre do chá e dos convidados, mesmo se eles tiverem longos anos de experiência na cerimônia (libertar-se). Muitos recipientes usados em uma cerimônia do chá têm décadas, às vezes séculos de idade, e são escolhidos para que se harmonizem com os outros e deixem uma impressão inesquecível (harmonia e sustentabilidade).

Apesar dos preparativos meticulosos, o objetivo principal de uma cerimônia do chá é estar relaxado, tirar prazer dos detalhes sensoriais no salão de chá (apreciar a alegria das pequenas coisas) e estar em um estado de *mindfulness* no qual se absorve o cosmos interior do salão de chá na mente (estar no aqui e agora).

Isso tudo reforça o que descobrimos no capítulo 2 sobre o conceito japonês antigo de *wa*, que é a chave para entender como as pessoas podem promover seu próprio senso de *ikigai* enquanto vivem em harmonia com as outras.

Como mencionado previamente, a constituição de dezessete artigos do príncipe Shōtoku de 604 declarava que "*Wa* deve ser valorizado".

Desde então, *wa* é uma das características que definem a cultura japonesa e um dos ingredientes principais do *ikigai*. O príncipe Shōtoku pode ser considerado um dos pioneiros do *ikigai* nesse contexto.

Viver em harmonia com outras pessoas e com o ambiente é um elemento essencial do *ikigai*.

FLUXO E CRIATIVIDADE

Um experimento publicado por pesquisadores do *Massachusetts Institute of Technology* sugere que a sensibilidade social é um fator determinante no desempenho de uma equipe. O *ikigai* de cada pessoa, quando implementado em harmonia com as outras pessoas, promove a criatividade na troca livre de ideias. Ao apreciar e respeitar as características individuais das pessoas à sua volta, você pode alcançar um "triângulo dourado" de *ikigai*, fluxo e criatividade.

Quando se está em um estado de fluxo, em harmonia com os diferentes elementos dentro e fora de si, você tem a capacidade cognitiva de prestar atenção às nuances sutis que surgem no caminho.

Quando se está emocionalmente perturbado, ou fortemente tendencioso, você perde a concentração necessária para apreciar os detalhes muito importantes das coisas que podem alterar o equilíbrio entre a vida e o trabalho. Você é mais capaz de ir atrás da qualidade quando está em estado de fluxo, um fato que Akuto e Koshimizu conhecem muito bem.

A busca implacável da qualidade também é evidente nos bares japoneses, no lado consumidor do uísque. *Est!* é um bar famoso em Yushima, Tóquio. Seu proprietário é Akio Watanabe, que atende os clientes do estabelecimento há quase quatro décadas.

Na minha humilde opinião, os melhores bares do mundo ficam no Japão. Sei que pode parecer tendencioso e ridículo, mas é pela perspectiva de alguém que cresceu em Tóquio e depois viajou pelo mundo, então, eu já fui a vários bares na vida.

Tive a felicidade de visitar o *Est!* quando era universitário, já com idade para beber legalmente, aos vinte anos. Assim que coloquei os pés no bar, um tanto nervoso, eu aprendi sobre um mundo novo.

O interior do *Est!* é decorado com os desenhos tradicionais de um bar japonês, com toques de cultura irlandesa e escocesa. Garrafas de uísque, rum, gim e outras bebidas favoritas ocupavam as prateleiras.

No Japão, um bar como o *Est!* às vezes é chamado de "*shot bar*". É difícil descrever a atmosfera única de um *shot bar* para alguém que nunca foi a um. Em termos de elegância dos frequentadores e de tranquilidade no ambiente, um *shot bar* japonês é como um *wine bar*. Mas, em termos de preço, pode compartilhar algumas das qualidades do conceito americano de *fern bar*, porém, os clientes não são necessariamente solteiros ou *yuppies*, e também não há ênfase em plantas na decoração. O *shot bar* japonês é, na verdade, um gênero único. Não tem nada parecido no mundo.

A elegância durante o preparo de coquetéis de Watanabe, a atmosfera tranquila, o jeito como ele escuta e responde aos clientes, tudo isso foi uma inspiração maravilhosa para mim. Pode parecer clichê, mas aprendi muitas lições valiosas de vida sentado ao balcão naquela noite, tomando uísque.

Este é o segredo de Watanabe: a busca incansável por qualidade, compromisso, foco nas coisas pequenas sem pensar em reconhecimento. Durante muitos anos, Watanabe não tirou férias, exceto por uma semana no ano-novo e outra no meio de agosto. Durante o resto do tempo, Watanabe fica atrás do balcão do *Est!* sete dias por semana, o ano todo. Ele dá atenção a cada bebida que serve no bar, levando cada uma a sério.

Apesar de o *Est!* ser visto com respeito pelos clientes, que incluem entre eles atores, editores, escritores e professores universitários, Watanabe nunca buscou reconhecimento social. Ele é extremamente tímido no que se refere à atenção da imprensa ou da mídia.

Eu soube pelos comentários casuais de um cliente sentado ao meu lado no *Est!,* que uma vez Watanabe, quando jovem, serviu coquetéis ao lendário escritor Yukio Mishima. Nos trinta anos em que frequentei o lugar, Watanabe nunca me contou sobre esse encontro incrível. Ele é esse tipo de homem.

Eis um último e impressionante exemplo de pessoas fazendo alguma coisa sem qualquer perspectiva de reconhecimento: a família imperial japonesa tem historicamente uma tradição cultural bem forte. A ciência e as artes são consideradas parte importante do patrocínio imperial. A música é essencial para eles. Os músicos que servem a família imperial têm papéis designados na apresentação de música especial nas centenas de cerimônias e rituais que acontecem no palácio imperial todos os anos. Essas formas tradicionais de música e dança da corte imperial antiga juntas se chamam *gagaku*, que é tocada na corte há mais de mil anos.

Uma vez, conversei com Hideki Togi, um famoso músico da corte da tradição *gagaku*. Togi é da família Togi, envolvida em *gagaku* desde o período Nara (710-794), ou seja, há mais de 1.300 anos.

Togi me disse que os músicos da corte tocam em muitas ocasiões, como no aniversário de 1.200 anos de um imperador em particular. Quando perguntei quem ouviria a música, ele apenas respondeu "ninguém". Ele continuou: "Nós tocamos instrumentos, cantamos e dançamos sem a presença de plateia, dentro da grande tranquilidade do palácio imperial. Nós tocamos música tarde da noite. Às vezes, sentimos que os espíritos dos imperadores mortos descem do céu, ficam um tempo conosco, apreciam a música e voltam". Togi disse isso tudo como se não houvesse nada de extraordinário no que ele estava dizendo.

Aparentemente, para músicos da tradição *gagaku*, tocar sem a presença de uma plateia sempre foi uma coisa muito normal.

A narrativa de Togi é uma descrição muito poética e tocante do estado de fluxo, de estar no aqui e agora.

Quando você consegue atingir um estado de concentração satisfeito, a plateia não é necessária. Você aprecia o aqui e agora e simplesmente segue em frente. Na vida, nós às vezes nos enganamos sobre quais são as nossas prioridades e o grau de importância delas.

É comum que façamos coisas por recompensas. Se as recompensas não acontecem, nós ficamos decepcionados e perdemos interesse e zelo pelo trabalho. Essa é a abordagem errada.

Em geral, há demora entre as ações e as recompensas. Mesmo se você terminar um bom trabalho, as recompensas não vêm, necessariamente, nessa ordem: recepção e reconhecimento. Elas acontecem de um jeito estocástico, dependendo de muitos parâmetros fora do controle da pessoa.

Se você consegue fazer o processo de tornar o esforço sua fonte primária de felicidade, você teve sucesso no desafio mais importante de toda a sua vida.

Portanto, faça uma música, mesmo quando ninguém estiver ouvindo. Faça um desenho, mesmo que ninguém esteja olhando. Escreva um conto que ninguém vai ler.

A alegria e a satisfação interior que isso lhe dará serão mais do que suficientes para que você siga em frente com a vida. Se conseguiu fazer isso, você se tornou um mestre do estar no aqui e agora.

CAPÍTULO 6

Ikigai e sustentabilidade

Essencialmente, o conceito japonês de *ikigai* sempre foi de reserva e autocontrole, em que a harmonia com os outros é considerada de importância fundamental. Em um mundo onde assimetrias econômicas levaram a uma inquietação social ampla, o Japão tradicionalmente permaneceu uma nação de meios modestos, apesar do sucesso econômico no passado.

Por muito tempo, a maioria dos japoneses se viu como parte da classe média. Nos anos recentes, com a desaceleração do crescimento econômico e o envelhecimento da população, houve uma percepção crescente de que a assimetria econômica está aumentando, e várias medidas são coerentes com essa percepção.

No entanto, o gasto extravagante dos ricos ou demonstrações de exibicionismo feitas por famosos são coisas relativamente raras no Japão, ao menos em percepção. O Japão só tem uma cultura de celebridade controlada. Não há astros como Justin Bieber ou socialites como as Kardashians, embora o Japão também tenha sua cota de celebridades em escala menor.

Reprimir desejos e ambições individuais talvez tenha efeitos colaterais negativos. Em comparação ao sucesso global de empresas como Google, Facebook e Apple, as startups no Japão dos anos recentes causaram um impacto relativamente pequeno. Talvez o espectro de sucesso e glamour japonês seja estreito demais para acomodar verdadeiras empresas revolucionárias em escala global.

Intimamente ligado à expressão controlada da liberdade e do sucesso individual, à reserva e ao autocontrole, está um dos valores mais peculiares do Japão: a sustentabilidade. A busca dos desejos individuais é frequentemente equilibrada com a sustentabilidade da sociedade e do meio ambiente.

IKIGAI E SUSTENTABILIDADE

Afinal, sem uma sociedade e um meio ambiente robustos e saudáveis, não se pode ir atrás dos seus objetivos e alcançar suas ambições.

Como vimos antes, em um nível individual, o *ikigai* é uma estrutura motivacional para nos fazer seguir em frente, para nos ajudar a acordar de manhã e começar a fazer as tarefas. Além do mais, na cultura japonesa, o *ikigai* tem muito a ver com estar em harmonia com o meio ambiente, com as pessoas ao redor e com a sociedade de um modo geral, sem a qual a sustentabilidade é praticamente impossível. O terceiro pilar do *ikigai*, harmonia e sustentabilidade, talvez seja o *éthos* mais importante e peculiarmente desenvolvido na mentalidade japonesa.

Vamos considerar o relacionamento japonês com a natureza. Os japoneses transformaram o controle de vontades individuais em uma forma de arte de modéstia, estética austera e suficiência elegante. No idealismo japonês, há uma abundância de beleza discreta, *wabi-sabi*.

A madeira lisa e sem tratamento de uma bancada de sushi é um exemplo excelente. A aromática madeira *hinoki* usada em banhos, combinada com as cascas de laranja *yuzu*, é outro — um exemplo divino. O objetivo desse banho não é apenas ficar limpo, mas também relaxar. Tomar banho ao ar livre, na natureza, é uma coisa popular, principalmente em *onsen* (fontes termais).

Em regiões urbanas, trazer a natureza para dentro de casa, para ocupar o interior do ambiente com o luxo e o conforto simples, é bastante comum. Com frequência, podemos encontrar quadros do monte Fuji nas paredes dos *sento* (casas de banhos públicos), por exemplo — um truque artístico muito popular.

Passear por florestas e subir montanhas são hobbies muito populares no Japão, o que mostra o respeito e a afeição pela natureza que os japoneses sentem. O design do jardim japonês é planejado para ser artisticamente agradável, elaborado para se desenvolver em cenários diferentes dependendo da estação.

O Japão é uma nação de sustentabilidade. A sustentabilidade se aplica não só à relação de um homem com a natureza, mas também aos modos de atividades individuais dentro de um contexto social.

IKIGAI E SUSTENTABILIDADE

É preciso mostrar consideração adequada pelas outras pessoas e estar ciente do impacto que as suas ações podem ter na sociedade de um modo geral. Idealmente, toda atividade social deve ser sustentável. É parte do espírito japonês ir atrás de uma coisa de forma controlada, mas determinada, e não de um jeito chamativo, procurando a satisfação em curto prazo das necessidades momentâneas.

Como consequência, quando uma coisa é iniciada de verdade no Japão, é bastante provável que ela seja mantida em movimento por *muito* tempo.

O imperador japonês é o monarca hereditário mais antigo do mundo. O atual imperador Akihito, cujo reinado começou no dia 7 de janeiro de 1989, é o 125º na linhagem. Muitas instituições culturais permaneceram ao longo dos séculos. *Noh* (um drama musical clássico japonês), *kabuki* (um drama de dança clássico japonês), além de outras formas de artes performáticas, foram praticadas ao longo de gerações no país. Mas ainda há muitas outras famílias antigas no Japão que carregam a tocha de aspectos diferentes das tradições culturais e também econômicas.

A expressão "negócio de família" tem uma importância séria e histórica no Japão. Muitas famílias são famosas por estarem envolvidas em um campo particular de atividade cultural e econômica, que se estende ao longo dos séculos. A família Ikenobo, em Kyoto, se dedica à arte do *ikebana* (arranjos de flores) desde 1462, de acordo com um documento histórico. As famílias Sen, também de Kyoto, mantêm a cultura da cerimônia do chá ativa há mais de 400 anos, desde a morte do pai fundador Sen no Rikyū em 1591.

Há três famílias Sen, com dezenas de milhares de discípulos praticando a cerimônia do chá por todo o Japão e no exterior. Toraya, fabricante de doces japoneses tradicionais e gerenciado pela família Kurokawa, está em operação há quase 500 anos. Kongō Gumi, fundado no ano 578 por três carpinteiros, é especializada na construção e manutenção de templos, e é a empresa mais antiga do mundo em operação, com a família Kongō ainda no comando.

A cultura japonesa é cheia de conceitos e instituições que implementam o *ikigai* como motor para sustentabilidade. Para entender como os japoneses entendem o *ikigai*, é preciso compreender a anatomia da sustentabilidade no estilo japonês. E isso fica muito aparente no Santuário de Ise.

Em uma floresta ampla e densa que se espalha por 5.500 hectares na prefeitura de Mie, no Japão, fica uma das instituições mais importantes da religião nativa xintoísmo, o Santuário de Ise, considerado o mais sagrado dos templos xintoístas japoneses e dedicado à deusa do sol, Amaterasu.

Na lenda japonesa, a família imperial descende de Amaterasu. O Santuário de Ise, assim, é associado à Casa Imperial do Japão. O papel de sacerdote-chefe do santuário é tradicionalmente executado por membros da família imperial. É tão importante que os líderes mundiais que foram à reunião de cúpula do G7 de 2016, em Ise-Shima, visitaram o santuário.

Acredita-se que o Santuário de Ise abriga o espelho sagrado (*Yata no Kagami*), uma das três joias da coroa japonesa, junto com a espada (*Kusanagi*) e a joia (*Yasakani no Magatama*). Um *magatama* é uma joia nativa do Japão, feita de jade e no formato similar a um feto humano. Na época de ascender ao trono de um novo Imperador, as três joias da coroa são transferidas como símbolo da dignidade e autoridade do lar imperial. A presença física das três joias da coroa nunca foi confirmada, pois ninguém (exceto o Imperador, talvez) jamais viu esses artefatos.

A atitude religiosa dos japoneses modernos é secular. Muitos japoneses visitam o Santuário de Ise para adoração, mas isso não quer necessariamente dizer que sejam crentes nas doutrinas xintoístas, nem que saibam os detalhes do sistema de crença. A maioria dos japoneses encara uma visita ao Santuário de Ise como uma experiência cultural. O xintoísmo em si não é uma religião com regras e regulamentos rigorosos. Independente do contexto religioso, tanto a tranquilidade da floresta quanto a beleza serena da construção do Santuário de Ise são inspiradoras, em sincronia com as filosofias contemporâneas do relacionamento existente entre o homem e a natureza.

Um dos aspectos mais impressionantes do Santuário de Ise, e mais relevante à nossa busca ao *ikigai*, talvez, é a reconstrução periódica do templo. Há dois locais alternativos para os templos interno

IKIGAI E SUSTENTABILIDADE

e externo de Ise. Em intervalos de vinte anos, o prédio do santuário é cuidadosamente desmontado, e uma nova construção com a mesma estrutura é feita no novo local, usando madeira nova. O prédio atual data do ano de 2013. A próxima reconstrução acontecerá em 2033. Os registros sugerem que esse processo de reconstrução a cada duas décadas acontece há 1.200 anos, com irregularidades ocasionais devido a batalhas e agitações sociais.

Para conseguir a exata reconstrução dos santuários, uma série de considerações e preparativos cuidadosos deve ser tomada. Por exemplo, a árvore *hinoki* (cipreste japonês) deve ser plantada várias décadas antes para ser usada como material nas construções do santuário.

Com esse propósito, o Santuário de Ise tem reservas de *hinoki* por toda a nação. Alguns dos troncos usados no Santuário de Ise têm que ser de um certo tamanho, um papel desempenhado apenas por árvores *hinoki* com mais de 200 anos.

Há técnicas especiais de carpintaria usadas no Santuário de Ise. Por exemplo, os prédios são construídos sem um único prego. O desenvolvimento e treinamento de carpinteiros habilidosos dedicados à construção do templo é uma parte essencial da sustentabilidade do Santuário de Ise. Uma teoria diz que a reconstrução do templo a cada vinte anos foi criada para transmitir as técnicas e a experiência da construção do tempo de uma geração de carpinteiros para a seguinte.

O Santuário de Ise é auge das dezenas de milhares de santuários por todo o Japão. Embora menores em escala e mais modestos em aparência, os templos locais são respeitados e preservados pelas pessoas da região. No momento, cerca de 100 sacerdotes xintoístas e aproximadamente 500 funcionários cuidam da operação do Santuário de Ise. Há também as pessoas que apoiam o santuário de forma indireta, por exemplo, carpinteiros, artesãos, mercadores e engenheiros florestais. A organização e a harmonia (como o *wa* do príncipe Shōtoku) dessas pessoas que apoiam o templo são outros aspectos bem importantes dessa tradição venerável da sustentabilidade.

Houve uma genialidade indubitável na concepção e no design do Santuário de Ise. As construções são exóticas e lindas. Um famoso monge budista, Saigyō (1118-1190), em sua visita ao

IKIGAI E SUSTENTABILIDADE

Santuário de Ise, escreveu um tradicional poema *waka* que pode ser traduzido assim: "Não sei o que reside aqui, mas minha alma derramou lágrimas ao tocar na serenidade divina".

A concepção e o design são uma coisa; a manutenção da configuração original ao longo de centenas de anos é outra bem diferente. Os tempos estão sempre mudando. Governos vêm e vão. Pessoas com habilidades e características pessoais variadas estarão envolvidas na operação. É um milagre que o Santuário de Ise tenha sido mantido em condição impecável ao longo de mais de mil anos.

Significativamente, o santuário não podia depender do luxo de uma equipe excelente apoiando a operação. Para garantir, a equipe do santuário tem uma reputação excelente de confiabilidade e talento. Eu conheci alguns pessoalmente, e eles são verdadeiros modelos, trabalhadores conscientes que exibem aptidão. No entanto, essa não é a questão. Se não fosse um mecanismo integrado e seguro para manter a operação em andamento, ele não poderia continuar existindo por mais de um milênio.

Por exemplo, se você imaginar como a Apple estaria funcionando por mil anos depois da morte de Steve Jobs, talvez conseguisse apreciar a dificuldade da tarefa.

De forma similar, a internet mudou o mundo, mas ninguém sabe se é sustentável pelas próximas décadas, e menos ainda por centenas de anos. Hackers, fraudes, trolls e torrentes de informação são só alguns exemplos de preocupações com a internet. A proliferação de notícias falsas pelas redes sociais está colocando o sistema democrático em risco.

Além disso, há preocupações genuínas sobre a corrida cada vez mais selvagem para captar a atenção e o tempo dedicado das pessoas. Nós todos sabemos como vários serviços da internet, por exemplo, o Facebook, o Twitter, o Snapchat, o Instagram, estão dilacerando nossas horas acordados em aglomerados aleatórios de atenção curta.

Como um indivíduo pode executar a sustentabilidade na vida através do *ikigai*, considerando seus traços únicos de personalidade, em um mundo cada vez mais obcecado por inovações? O excelente histórico do Santuário de Ise deveria ser estudado como modelo para a realização de sustentabilidade. Claramente, harmonia é a chave da sustentabili-

IKIGAI E SUSTENTABILIDADE

dade. A discrição e a humildade dos funcionários do Santuário de Ise, considerando o pano de fundo do excelente trabalho que eles e seus predecessores executaram ao longo de tantos anos, tornam o santuário a apoteose da harmonia e sustentabilidade, o terceiro pilar do *ikigai*.

Há outro templo no coração de Tóquio que oferece outro caso único de sustentabilidade. O Santuário Meiji, que foi fundado em 1920, é dedicado ao Imperador Meiji (1852-1912), que teve papel fundamental na modernização do Japão. É um local popular para visitantes do exterior. A exibição de barris de saquê dedicados ao templo é particularmente popular, com pessoas tirando selfies na frente da coleção colorida. As pessoas penduram *ema* (placas de madeira) perto do prédio principal do santuário, nas quais escrevem seus desejos. Refletindo a popularidade internacional do templo, os textos encontrados estão em idiomas variados, expressando desejos relacionados a boa saúde, felicidade, realizações acadêmicas e sucesso no mundo dos negócios.

Localizados no coração de Tóquio, os prédios do santuário ficam no meio de uma floresta que engloba vários hectares. Andar pela floresta a caminho do santuário é uma atividade popular para os habitantes e visitantes de Tóquio. É possível descansar para tomar chá ou fazer várias refeições no ambiente tranquilo da floresta.

Há uma colônia de açores no terreno do Santuário Meiji, simbolizando a suntuosidade da enorme floresta no centro de Tóquio. Há muitas espécies raras na floresta desse santuário. Ao andar por ela, temos a sensação de estarmos respirando em um ambiente natural que está ali há muito tempo. Na verdade, a floresta tem origem artificial, tendo sido concebida, planejada e executada por botânicos, principalmente Seiroku Honda, Takanori Hongo e Keiji Uehara.

Na época em que o Santuário Meiji foi concebido, o local era uma área deserta, sem árvores. Os três botânicos pensaram bem na seleção de espécies de árvores a serem plantadas. Com base em seu conhecimento de sucessão ecológica e como a estrutura de espécies de uma floresta muda com o tempo, eles elaboraram e previram como a comunidade de árvores se desenvolveria até chegar ao pico e atingir um estado permanente. Em resposta ao

IKIGAI E SUSTENTABILIDADE

anúncio sobre os planos, 120 mil árvores de 365 espécies foram doadas por pessoas de todo o Japão, para comemorar e homenagear o falecido Imperador e marcar o fim de uma era.

Atualmente, quase cem anos depois, os resultados proporcionam um ambiente bastante tranquilo e natural, no qual é possível relaxar e passar um tempo meditando.

O que Honda, Hongo, Uehara e outros fizeram pela fundação da floresta do Santuário Meiji foi um trabalho de grande engenhosidade. A preservação da floresta exige outra parcela de trabalho, que é igualmente importante.

Como a floresta do santuário é considerada uma área sagrada, as pessoas não têm permissão de andar no meio dela, exceto pelos caminhos designados. Todas as manhãs, vê-se funcionários varrendo o caminho que leva aos prédios do templo, tirando folhas caídas com muito cuidado e elegância, uma visão que dá muito prazer e inspiração para os observadores. Os funcionários colocam as folhas caídas com cuidado no chão em volta das raízes das árvores em vez de descartá-las, repondo assim a preciosa nutrição da floresta. Ao longo do tempo, as folhas são decompostas por fungos e voltam para a terra, contribuindo para as gerações seguintes de plantas e folhas. Esse respeito pelo santuário ajudou a preservar a colônia de açores que faz ninho na floresta.

Os Santuários de Ise e Meiji foram grandes exemplos de inovação nas épocas de suas concepções. Também são modelos de sustentabilidade. O Santuário de Ise mantém seu ciclo de reconstrução há mais de mil anos. O Santuário Meiji existe há cem anos, e não é difícil imaginá-lo sendo mantido nas condições atuais por centenas de anos no futuro.

Nosso *ikigai* não seria sustentável se nós não apreciássemos os esforços das pessoas comuns. Na filosofia japonesa, o que parece ser comum e medíocre não é necessariamente comum e medíocre. A cultura japonesa prospera por causa das tarefas mais simples e humildes — muitas vezes, levadas a um nível de perfeição. Sem tal filosofia de vida, muitas coisas, desde a reconstrução do Santuário de Ise até a concepção e manutenção da floresta do Santuário Meiji, ou o funcionamento dos trens Shinkansen e a comida maravilhosa dos restaurantes de sushi, não seriam sustentáveis.

IKIGAI E SUSTENTABILIDADE

É desnecessário dizer que um sistema de valor centrado só nos poucos superiores não pode ser sustentado porque alguém tem que ser o desfavorecido para que alguém esteja no topo.

No mundo de hoje, onde os humanos são cada vez mais forçados a competir em um contexto global, nós precisamos considerar as implicações e repercussões dessa obsessão em vencer a competição. Uma mentalidade com motivação de vencer pode levar a grandes inovações, da mesma forma que também pode levar a estresse excessivo e a instabilidade, tanto para os indivíduos quanto para a sociedade.

O problema é que está na natureza do homem pensar em termos de hierarquias, de vencedores e perdedores, líderes e seguidores, superiores e também subordinados. É por isso que fizemos progresso até agora como espécie, e é por isso que podemos um dia correr para nossa própria destruição. Estudar o *ikigai* no contexto da expressão controlada e moderada da individualidade, enquanto se considera o sistema orgânico em que se encontra, pode muito bem contribuir para um jeito mais sustentável de viver.

Essa linha de pensamento está claramente relacionada ao conceito tradicional de *wa*. Modular os desejos e as vontades de uma pessoa em harmonia com o ambiente em que vive também ajuda a reduzir conflitos desnecessários. Em outras palavras, o *ikigai* é pela paz!

A sustentabilidade é uma arte na vida e requer engenhosidade e habilidade. Um homem é como uma floresta, individual, mas conectado e dependente dos outros para crescer.

O fato de alguém ter vivido por muito tempo é uma realização e tanto, nos altos e baixos deste mundo muitas vezes imprevisível. Afinal, ao longo do processo da vida, nós às vezes tropeçamos e caímos. Mesmo nessas ocasiões, é possível ter *ikigai,* ainda que se esteja em uma onda de perdas. Em resumo, o *ikigai* é literalmente do berço ao túmulo, *independente do que aconteça na vida.*

Portanto, imagine que você está no meio de uma floresta tranquila. Respire bem fundo. E considere o que seria necessário para manter essa floresta.

Sempre que visito a floresta do Santuário Meiji, eu presto atenção nos lindos murmúrios da sustentabilidade. O *ikigai* trabalha em escala pequena, com paciência, de forma comum e com o olhar voltado ao longe.

CAPÍTULO 7

Encontrando seu objetivo na vida

Como vimos, *ikigai* tem a ver com a sustentabilidade da vida. Inesperadamente, o mundo do sumô no Japão é um dos tesouros escondidos da sustentabilidade da vida.

O sumô é uma forma tradicional de luta que tem história desde a antiguidade. O sumô profissional nasceu nos primeiros anos da era *Edo*, no século XVII.

No ocidente, prevalece o conceito equivocado do sumô como uma batalha de empurrões e socos entre dois homens gordos seminus com penteados engraçados, usando cintos estranhos na cintura. A imagem costuma ser cômica e (talvez) um tanto depreciativa. Naturalmente, há mais nessa atividade atlética antiga. Se não fosse assim, pessoas inteligentes e sofisticadas não seriam loucas pelo sumô como espectadores do esporte, e outras não dedicariam uma carreira inteira a ele como atletas, como acontece.

Felizmente, conforme o sumô vai ficando internacionalmente mais popular, e com o crescente número de turistas de outros países indo visitar para ver lutadores de sumô em ação, as sutilezas que acompanham a luta do sumô estão gradualmente começando a ser apreciadas por uma plateia internacional mais ampla.

Os grandes torneios de sumô acontecem seis vezes por ano, três vezes no Sumo Hall (*Ryōgoku Kokugikan*), em Tóquio, e uma vez em Osaka, em Nagoya e em Fukuoka. Um grande torneio de sumô transcorre por quinze dias, começando e terminando em um domingo. Há um sistema rigoroso de ranking de lutadores de sumô, com *yokozuna* (o grande campeão) no topo. O objetivo e sonho de todos os lutadores de sumô consistem em subir a escada, embora nem seja preciso dizer que poucos conseguem chegar a *yokozuna*. Um dos primeiros

ENCONTRANDO SEU OBJETIVO NA VIDA

yokozuna cujos recordes sobrevivem foi Tanikaze, que atuou como lutador de sumô a partir de 1789. Tanikaze teve uma taxa de vitórias incrível de 94,9%, atrás apenas de Umegatani, que teve uma taxa de vitórias de 95,1% (os japoneses mantinham registro detalhado das lutas de sumô naquela época). Tanikaze foi ativo até 1795, quando uma morte repentina por gripe encerrou sua carreira incrível. Muitos veem Tanikaze como um dos grandes (ou, discutivelmente, *o* maior) *yokozuna* da história do sumô.

Ao longo de um período de aproximadamente 300 anos, houve 72 *yokozunas*, com quatro ativos na época da escrita deste livro. Em 1993, Akebono, do Havaí, EUA, se tornou o primeiro *yokozuna* nascido fora do país. Ele foi o 64º *yokozuna* da história. Desde o feito pioneiro de Akebono, houve cinco *yokozunas* estrangeiros, inclusive o grande Hakuh, da Mongólia, que tinha, na época em que o livro foi escrito, o recorde de 38 vitórias em grandes torneios.

Há seis divisões na hierarquia dos lutadores de sumô. Um lutador de sumô que pertença às duas divisões de topo é chamado de *sekitori*. Aproximadamente, apenas um a cada dez lutadores de sumô chega a *sekitori*. Geralmente, há setenta lutadores *sekitori*, enquanto há cerca de setecentos lutadores no total em qualquer época.

Há uma diferença enorme entre um *sekitori* e os lutadores dos rankings inferiores. Além de os lutadores de níveis inferiores competirem lutando, eles também precisam executar funções de assistente dos lutadores *sekitori*, de ranking superior. Os assistentes carregam as roupas e pertences dos *sekitori*, enquanto os próprios *sekitori* andam de mãos vazias. Fora do ringue, a postura de um *sekitori* é de *descaso tranquilo*. Ele precisa parecer experiente na vida, relaxado. Não é bom para um *sekitori* suar ao carregar malas pesadas. Os jovens lutadores de sumô podem carregar esse peso enquanto também fazem outras tarefas. Um *sekitori* pode usar quimono, enquanto os lutadores que não são *sekitori* só podem usar *yukata*, um roupão tipicamente usado depois de se tomar banho. Não é surpresa todos os lutadores de sumô quererem ser *sekitori*.

Com base no desempenho nos torneios, os lutadores de sumô são promovidos ou rebaixados. Quem tem mais vitórias recebe uma promoção. Se

ENCONTRANDO SEU OBJETIVO NA VIDA

não for assim, é rebaixado. A aritmética das lutas de sumô é simples assim. É uma situação clássica de jogo em que um ganha e outro perde. Quanto mais vitórias um lutador tem, menos vitórias os outros lutadores de sumô conseguem. Em essência, o sumô é onde o sucesso e a promoção de uma pessoa se traduzem diretamente no fracasso e rebaixamento de outra pessoa. O mundo do sumô é lotado; é preciso empurrar os outros lutadores para fora do ringue para ser promovido.

Para quem fica nos rankings mais baixos, a recompensa econômica recebida é mínima. A alimentação e a moradia são garantidas enquanto o lutador permanecer na *heya* (equipe), onde, tipicamente, lutadores não-*sekitori* dormem juntos em um quarto grande. No entanto, casamento e formação de família estão fora de questão, pois a vida de um não-*sekitori* vai ficando difícil com a idade. O sucesso de um lutador de sumô pode ser um dos mais doces dos sonhos japoneses; o problema é que, com o sonho, vem uma probabilidade alta de fracasso. Nove em dez, para ser preciso.

Uma das equipes de treinamento, a equipe Arashio, tem informações especiais em seu site sobre as escolhas em potencial na carreira de um lutador de sumô. Depois de declarar secamente que só um a cada dez lutadores chega a *sekitori*, a equipe oferece três opções de carreira, direcionadas a pessoas que passaram cinco anos treinando como lutador de sumô:

(1) É possível escolher seguir em frente como lutador de sumô. Nesse caso, depois de uma cerimônia de parabenização que comemora os esforços ao longo de cinco anos, o lutador será encorajado a seguir em frente.

(2) É possível estar indeciso, com inclinação a continuar como lutador de sumô enquanto, ao mesmo tempo, reconhece-se a necessidade de pensar em uma segunda carreira. Nesse caso, a equipe oferece um período de reflexão de um ano, no qual o mestre da equipe pesa as várias possibilidades enquanto o lutador continua treinando na equipe. Depois de um ano, o lutador pode tomar uma decisão sobre seu futuro.

(3) É possível que o lutador sinta que se esforçou o bastante no sumô e queira entrar em um novo estágio da vida. Nesse caso, o mestre

ENCONTRANDO SEU OBJETIVO NA VIDA

da equipe, junto com os apoiadores da equipe, irão procurar oportunidades de emprego. Durante essa busca, o lutador aposentado vai poder continuar morando no alojamento da equipe por um período de até um ano, com comida e moradia.

O site declara com orgulho: "Quando se considera o esforço exaustivo que é preciso fazer para permanecer em uma equipe de sumô, o lutador aposentado vai ter personalidade e recursos dignos de começar uma segunda carreira de sucesso".

Os lutadores de sumô podem esperar ter muitos empregos de segunda carreira, às vezes ajudados por pessoas que tradicionalmente os apoiam (coletivamente chamados de *tanimachi*, em homenagem a uma área de Osaka onde os apoiadores abastados surgiram). Por exemplo, lutadores aposentados de sumô muitas vezes abrem certos tipos de restaurante que oferecem *chanko*, um prato especial que os lutadores de sumô comem na equipe de treino para ajudar a fortalecer o corpo. Um prato particularmente famoso é o *chanko nabe* (ensopado *chanko*), em que vários ingredientes nutritivos, como carne, peixe, legumes e verduras, são cozinhados em uma sopa saborosa. Contrariando a crença popular, comer *chanko* em quantidades modestas não leva à obesidade. Muitos antigos lutadores de sumô abriram restaurantes de *chanko* em Tóquio e em outros lugares, com graus variados de sucesso. Os patrocinadores *tanimachi* costumam oferecer o capital para abrir o negócio e frequentam os restaurantes como clientes regulares. Há outros empregos oferecidos a um lutador aposentado, pois a percepção geral é que uma pessoa que aguentou os treinamentos árduos de um *heya* de sumô está pronta para também pavimentar seu caminho em outros campos da vida. Exemplos de carreiras pós-sumô incluem quiropraxia, funcionário corporativo, alguma função na construção civil, gerência de hotel, instrução de esportes e até pilotagem de avião.

Portanto, financeiramente, faz sentido desistir e se aposentar para assumir uma carreira potencialmente lucrativa pós-sumô, com a possibilidade de sustentar uma família. No entanto, muitos lutadores de sumô que não chegam a *sekitori* seguem em frente com a carreira, mesmo que isso queira dizer viver com salário mínimo e ter que executar muitas

ENCONTRANDO SEU OBJETIVO NA VIDA

tarefas extenuantes como assistente. O mais antigo lutador de sumô em junho de 2017, Hanakaze, tem quarenta e seis anos de idade. Hanakaze tem 1,82 metro de altura e pesa 109 quilos. Hanakaze é lutador há mais de trinta e um anos e lutou em 186 grandes torneios com um desempenho medíocre, mas não desastroso (605 vitórias e 670 derrotas). A posição mais alta que Hanakaze já alcançou foi duas divisões abaixo de *sekitori*. No momento, Hanakaze está no penúltimo ranking mais baixo. Considerando sua idade e seu registro de desempenho, não é provável que ele chegue a *sekitori*. Em uma nação ciente de idade como o Japão, e em um esporte em que a possibilidade de sucesso diminui rapidamente com a idade, o fato de que Hanakaze segue em frente apesar da idade é visto como algo corajoso.

Hanakaze teve um registro de desempenho relativamente respeitável. Hattorizakura não teve tanta sorte. Ele tem dezoito anos, com 1,80 metro de altura e 68 quilos de peso. Hattorizakura lutou em onze grandes torneios, com o desempenho de uma vitória e 68 derrotas. Ele tem o recorde de derrotas consecutivas como lutador de sumô profissional.

Ele chamou atenção da imprensa quando, em uma luta, estava com tanto medo do oponente, Kinjo, um lutador com a reputação de dar socos fortes, que pareceu tropeçar e cair deliberadamente no chão, um movimento que é considerado como um ato de sinalizar derrota no sumô. O fato de Hattorizakura parecer tão jovem e inocente, mas ainda assim ser lutador profissional de sumô, estimulou a imaginação das pessoas. Ele se tornou um astro paradoxal em uma noite. É claro que, com o desempenho ruim, ele sempre ficou na divisão mais baixa.

Ninguém sabe por quanto tempo ainda Hattorizakura vai conseguir (e querer) continuar sendo lutador profissional de sumô. Ele pode desistir a qualquer dia, ao concluir que não foi feito para o esporte. Mas também é perfeitamente possível que Hattorizakura siga em frente, pelos próximos trinta anos, como Hanakaze.

Não há regra no sumô profissional que diga que você tem que sair por causa do seu registro de desempenho, por pior que seja. O lutador é quem decide se gostaria de permanecer na competição, mesmo que não haja esperança aparente de promoção.

ENCONTRANDO SEU OBJETIVO NA VIDA

Por que lutadores de sumô como Hanakaze e Hattorizakura seguem em frente se têm desempenhos tão decepcionantes? Por que eles preferem ficar no mundo de um esporte que não os trata com gentileza? Em outras palavras, qual é o *ikigai* do lutador com desempenho ruim? Bem, como fã de sumô, eu tenho uma resposta, ou ao menos uma hipótese. É por causa da magia do sumô. É possível entender a magia ao entrar no Sumo Hall em Tóquio, onde o grande torneio acontece. Quem se vicia no mundo do sumô não quer sair dele com tanta facilidade. Tem lógica, psicologicamente falando, que se faça pequenos sacrifícios pessoais para ficar no maravilhoso reino.

Por um lado, o sumô é um esporte sério de contato. É preciso treinar até o limite extremo. É preciso superar os medos e derrubar o oponente em velocidade máxima, uma lição que o jovem Hattorizakura ainda precisa aprender. Por outro lado, o sumô é rico em tradição cultural. Um novato que vai ao Sumo Hall fica impressionado pela complexidade e detalhismo dos longos preparativos que levam a uma luta. A luta em si termina em uma média de apenas dez segundos e raramente passa de um minuto. A maior parte do tempo no Sumo Hall é passada apreciando a sutil poesia das ações dos lutadores de sumô, a dignidade dos *gyoji* (juízes) e os movimentos coreografados dos *yobidashi* (apresentadores), que convidam os lutadores de sumô a irem para o ringue chamando-os pelo nome em estilo cerimonial. É a combinação do esmagamento concreto de osso em osso com a elegância do ritual que encanta.

Satonofuji, um lutador de sumô que tinha trinta e nove anos quando o livro foi escrito, teve uma carreira respeitável, ainda que não notável, como lutador. Ele passou por 127 grandes torneios, com 429 vitórias e 434 derrotas. Satonofuji tem 1,71 metro de altura e pesa 111 quilos, um físico pequeno para um lutador de sumô. A posição mais alta que alcançou ficou logo abaixo do limite do *sekitori*. Atualmente, ele está no segundo nível mais baixo. Apesar de seu desempenho modesto, todo amante de sumô conhece o nome de Satonofuji e seu tronco bem construído, ainda que compacto. Satonofuji executa a cerimônia *yumitori-shiki* (cerimônia do arco), no final das lutas do dia durante o grande torneio.

ENCONTRANDO SEU OBJETIVO NA VIDA

Na tradição do sumô, a cerimônia do arco é executada por um lutador de sumô da mesma equipe de treinamento do *yokozuna*. Satonofuji é da equipe Isegahama, a mesma do 70° *yokozuna*, Harumafuji, que é da Mongólia. Depois que o vencedor da luta final (geralmente envolvendo um *yokozuna*) é anunciado, os espectadores são convidados a ficar em seus lugares para assistir à cerimônia do arco. Satonofuji segura e gira um arco de uns dois metros de comprimento com velocidade e precisão impressionantes, acompanhado de aplausos da plateia. Finalmente, quando Satonofuji faz uma reverência e sai do ringue, as atividades do dia no Sumo Hall se encerram. Ao ver Satonofuji executar a cerimônia do arco, percebemos que esse talvez seja seu maior *ikigai*.

Há uma superstição no sumô que diz que um lutador que faz a cerimônia do arco não consegue chegar a *sekitori*, uma maldição rompida por poucos lutadores até agora.

No entanto, para os que admiram a destreza e a elegância do manuseio do arco de Satonofuji, o desempenho dele nas lutas não importa muito. Na verdade, a sensação é de que Satonofuji encontrou um nicho no mundo do sumô, um papel que executa com alegria e orgulho, parte da série variada de tradições que formam o sumô.

É adequado que Satonofuji tenha prazer e alegria enquanto gira o arco, pois a cerimônia se originou como dança de gratidão pelo lutador de sumô que vence a última luta do dia, já que um lutador de sumô, mesmo depois de vencer uma luta importante, não expressa sua alegria por respeito ao oponente, que fica decepcionado com a derrota. Apesar de Satonofuji dificilmente ir mais longe no ranking, ele vai ficar muito feliz até o fim de sua carreira de lutador de sumô por executar seu papel como manuseador do arco.

O sumô é um sistema ecológico em que você pode continuar sendo um lutador ativo enquanto encontrar nichos, mesmo que continue perdendo nas lutas. Hanakaze, Hattorizakura e Satonofuji são heróis não louvados, com motivos próprios para sentirem orgulho, apesar de seus desempenhos não serem bons o bastante para eles serem promovidos a *sekitori*.

O sumô oferece um caso de inspiração para a diversidade e robustez do *ikigai*. Ele conta uma

ENCONTRANDO SEU OBJETIVO NA VIDA

história de como é possível encontrar seu *ikigai*, mesmo em um mundo onde as regras descrevendo vitórias e derrotas são extremamente rigorosas. Em muitas áreas da atividade humana, os sistemas de valores usados para medir o desempenho são sutis e abertos a interpretações alternativas, de forma que é possível até se iludir e achar que se está indo bem. Os lutadores de sumô não podem ter esse tipo de ambiguidade ou ilusão. Mas isso não impede que eles tenham senso de *ikigai*.

O *ikigai* de ser um lutador de sumô depende de várias coisas. Na verdade, os cinco pilares do *ikigai* estão envolvidos, assim como na cerimônia do chá. Começar pequeno ajuda, pois o treinamento de um lutador de sumô depende de técnicas bem detalhadas de desenvolvimento do corpo, como, por exemplo, uma forma particular de mover os pés no ringue. Libertar-se é necessário tanto quanto o assistente de um lutador mais velho precisa atender às necessidades e desejos da pessoa que se respeita e a quem se serve. Harmonia e sustentabilidade são a essência do sumô como esporte tradicional, no qual muitos rituais e costumes foram instituídos para manter o rico sistema ecológico. A alegria das pequenas coisas é abundante no mundo do sumô, desde o sabor dos pratos *chanko* aos gritos dos torcedores. Muitos lutadores testemunham que estar no aqui e agora é absolutamente necessário para se preparar e participar de uma luta, pois só estando imerso no presente é que se pode esperar alcançar o estado mental para o desempenho otimizado.

Todos esses pilares do *ikigai*, intensamente interligados, apoiam um lutador de sumô se ele não costuma ser muito bem-sucedido, ou mesmo se não é nem um pouco bem-sucedido, a participar das lutas. O *ikigai* no mundo do sumô é muito democrático, mesmo o esporte sendo muito cruel e impiedoso.

Não estou alegando aqui que o sumô é único ao oferecer um *ikigai* democrático a todo mundo. Uma estrutura similarmente democrática de *ikigai* pode ser encontrada, por exemplo, no mundo do balé clássico.

Como apresentador de um programa de rádio, eu já tive a oportunidade de entrevistar Manuel Legris, o bailarino francês que foi Étoile (bailarino principal) do *Paris Opéra Ballet* durante vinte e três anos. Quando Legris tinha vinte e um anos apenas,

ENCONTRANDO SEU OBJETIVO NA VIDA

o lendário bailarino Rudolf Nureyev o promoveu a Étoile depois de ver seu desempenho no papel principal de Jean de Brienne no balé *Raymonda*. Depois disso, Legris teve vários papéis em cidades como Paris, Stuttgart, Viena, Nova York e Tóquio. Ele é agora diretor artístico do *Vienna State Ballet*.

Durante a entrevista, Legris discutiu o papel do *corps de ballet*, os bailarinos que dançam em grupo em um balé, excelentes bailarinos, todos eles. É extremamente difícil ser escolhido para o corpo de baile de companhias de balé de prestígio como a *Paris Opéra Ballet*, e mais ainda chegar à posição de bailarino principal. Legris disse com grande convicção que ser o principal do corpo de balé é muito importante, pois constitui parte integral do espetáculo no palco. Na verdade, os bailarinos nas fileiras de trás têm os papéis mais importantes, com grande exigência de suas habilidades. Legris acrescentou que todo bailarino principal é solidário com os integrantes do corpo de baile, pois ele ou ela já fizeram parte dele em algum momento da carreira.

Os papéis executados pelos bailarinos do corpo de baile podem ser artisticamente importantes, mas não são necessariamente bem recompensados. Em

2011, um artigo do *The New York Times* relatou que o *Joffrey Ballet*, de Chicago, e o *Boston Ballet* pagavam aos bailarinos salários médios de U$ 829 e U$ 1.204 por semana, respectivamente, por temporadas de 38 semanas. O *Houston Ballet* pagava a seus bailarinos U$ 1.036 por semana ao longo de 44 semanas. Esses salários, embora respeitáveis, não se comparam aos que os bailarinos principais recebem. Assim, em termos de pagamento, pode haver uma estrutura similar de carreira e desafios no mundo de bailarinos e no de lutadores de sumô.

Como acontece muitas vezes na vida, é preciso aceitar o que se recebe e depois enfrentar a situação. Biologicamente falando, encontrar *ikigai* em um ambiente ou, na verdade, em *qualquer* ambiente, pode ser visto como uma forma de adaptação, principalmente no contexto de aptidão mental. Em qualquer ambiente é, a princípio, possível ter *ikigai*, o motivo para viver, independentemente do desempenho que se tenha.

Não são só os vencedores que têm *ikigai*. Vencedores e perdedores podem ter *ikigai* em pé de igualdade na grande e coordenada dança que é a vida. Pela perspectiva interior do *ikigai*, a fronteira entre

ENCONTRANDO SEU OBJETIVO NA VIDA

vencedores e perdedores derrete gradualmente. No fim das contas, não há diferença entre vencedores e perdedores. É tudo questão de ser humano.

Nas mentes de muitos japoneses, a canção do *ikigai* é cantada para os desfavorecidos, ou pelo menos para as pessoas comuns de todas as posições sociais. Não é preciso ter destaque no desempenho para se ter *ikigai*. Na verdade, o *ikigai* pode ser encontrado em todos os níveis da hierarquia de nível competitivo. O *ikigai* é um bem universal, que pode ser conseguido por qualquer pessoa que o deseje.

Para ter *ikigai*, é preciso ir além dos estereótipos e ouvir sua voz interior. Você poderá encontrar seu *ikigai* mesmo quando o sistema político do seu país estiver longe de ser perfeito, na melhor das hipóteses.

Na nação isolada da Coreia do Norte, os "jogos de massa" são um evento da vida diária. Foram originalmente concebidos na Alemanha e desenvolvidos no Japão como atividade de escola de ginástica coreografada. Atualmente, o gênero é regular e amplamente executado na Coreia do Norte, com alto grau de sofisticação.

O documentário *A State of Mind* (2004), do diretor britânico Daniel Gordon, acompanha a experiência de duas ginastas norte-coreanas e suas famílias durante a participação nos jogos de massa de 2003, em Pyongyang. Esses jogos acontecem no país desde 1946. Até 80 mil ginastas se apresentam no espaço amplo. Por esforços coordenados, eles criam a maior imagem em movimento do mundo.

Os jogos de massa são um formato no qual há uma subordinação organizada dos desejos de um indivíduo às necessidades do coletivo. Os participantes treinam por longos períodos, por um mínimo de duas horas por dia, para cultivar a mentalidade do grupo.

Apesar de a visão dos jogos de massa poderem passar a impressão de um coletivismo sem pensamento, os participantes são indivíduos com desejos e sonhos próprios.

Em *A State of Mind*, uma das jovens ginastas que participa com prazer dos jogos de massa relembra sua empolgação ao se apresentar para o "General" (o falecido Kim Jong-il, filho de Kim Il-sung, fundador da Coreia do Norte e pai do atual líder supremo da nação, Kim Jong-un). As alegrias

ENCONTRANDO SEU OBJETIVO NA VIDA

e ambições dela são pessoais, ainda que inseridas no contexto social do estado.

Ao assistir *A State of Mind*, fica claro que, apesar de a apresentação nos jogos de massa ser coletiva e mecânica, os desejos e alegrias que um artista sente durante a participação são pessoais e cheios de paixão. Esse é o grande paradoxo do relacionamento entre um indivíduo e a sociedade, que uma perspectiva de *ikigai* pode esclarecer.

É possível viver em um estado totalitário e ter *ikigai*. É possível ter um senso individual de *ikigai* mesmo em uma nação em que a liberdade é limitada. É possível encontrar *ikigai* independentemente do ambiente específico onde você possa estar em determinado momento.

Os humanos têm versatilidade para encontrar *ikigai* em qualquer circunstância. Mesmo nos mundos kafkianos exibidos em *O castelo* ou *O processo*, os protagonistas conseguem ter *ikigai*. Na verdade, até bastante. Os personagens dos dois livros mal têm espaço para expressar sua liberdade. No entanto, eles têm pequenas alegrias que os permitem seguir com a vida. Por exemplo, em *O castelo*, o personagem principal tem muito sucesso em encontrar amantes, ainda que lute para se deslocar pelo labirinto do sistema burocrático opressivo.

Se continuarmos olhando para as artes, você vai descobrir que pode até encontrar seu *ikigai*, ironicamente, ao soltar uma bomba atômica de forma bem-sucedida, que levaria ao fim da guerra. Em *Dr. Fantástico*, um filme de 1964 dirigido e corroteirizado pelo diretor americano Stanley Kubrick, o major Kong, comandante de um bombardeiro B-52, fica tão obcecado por transportar e soltar a bomba atômica que entra pessoalmente no compartimento de bombas e mexe na fiação. Quando a bomba é solta com sucesso, o major Kong monta nela como um caubói em um touro de rodeio, dando um grito de alegria e pondo fim à civilização humana.

Bom, vamos voltar ao mundo real.

O que aprendemos? Que o *ikigai* é uma adaptação ao ambiente, independente de qual seja a natureza desse ambiente. Do sumô ao balé clássico, as pessoas que encontram o *ikigai* podem ter alegrias além do valor simplista de vitórias e derrotas. Ter *ikigai* contribui para tirar o melhor das circunstâncias, o que pode acabar sendo difícil, independente do fato de as circunstâncias poderem ser difíceis.

Você precisa encontrar seu *ikigai* nas pequenas coisas. Tem que começar pequeno. Precisa estar aqui e agora. Fundamentalmente, não pode e não deve culpar o ambiente por uma falta de *ikigai*. Afinal, depende de você encontrar seu *ikigai*, da sua própria maneira.

Sobre isso, o famoso slogan da Segunda Guerra Mundial do pôster do governo inglês, "Mantenha a calma e siga em frente" (Keep calm and carry on), poderia muito bem ser um *éthos* para o *ikigai*. Quem imaginaria?

CAPÍTULO 8

O que não mata fortalece

Um dos benefícios de ter *ikigai* é robustez e resiliência, duas forças que são muito necessárias quando ocorre uma tragédia. Ser resiliente na vida é importante, especialmente considerando como o mundo está ficando cada vez mais imprevisível e até caótico.

Em 2012, dei uma palestra na conferência TED em Long Beach, Califórnia. O assunto era a resiliência do povo japonês, um ano depois do grande terremoto do leste do Japão e do tsunami de 2011, que tiraram a vida de mais de quinze mil pessoas. No momento em que o terremoto aconteceu, eu estava em um metrô de Tóquio. O tremor não foi como nada que eu tivesse vivenciado antes, apesar de ser de uma nação frequentemente atingida por terremotos. O trem parou, e eu andei até em casa. Pelo smartphone, vi com total descrença o tsunami atacar a área de Tohoku. Foi uma experiência péssima.

Eu entreguei meu coração àquela palestra do TED. Usei imagens das ondas do tsunami atingindo a cidade de Kamaishi, balançando uma bandeira que foi emprestada a mim por um pescador da cidade destruída, como símbolo de coragem e esperança. Falei sobre o espírito japonês de resiliência.

Dentre os pescadores japoneses, há um ditado: "Debaixo da tábua tem o inferno". Quando a Mãe Natureza se enfurece, não tem nada que se possa fazer. Apesar dos riscos, um pescador se lança no oceano e faz o melhor possível para ganhar a vida. Era com esse espírito que as pessoas na área atingida pelo terremoto e pelo tsunami estavam se recuperando.

O Japão é uma nação com tendência a desastres naturais. Ao longo dos anos, o país foi atingido por uma série de catástrofes. Assim como os pescadores depois do terremoto e do tsunami, o povo do Japão

O QUE NÃO MATA FORTALECE

exibiu um grande espírito de resiliência depois de literalmente cada desastre.

Erupções vulcânicas são grandes causas de destruição da nação. Em 1792, o Monte Unzen entrou em erupção, e um dos domos de lava desabou, provocando um megatsunami que tirou quase quinze mil vidas. A última erupção do Monte Fuji foi em 1707 e durou duas semanas. Apesar de não haver registro de mortes pela erupção, as cinzas vulcânicas caíram sobre uma área ampla, chegando a Tóquio (que se chamava Edo na época) e provocando danos sérios a terrenos agrários.

O ano de 1707 foi um *annus horribilis* para o Japão. Apenas quarenta e nove dias antes da erupção do Monte Fuji, um grande terremoto e tsunami atingiram o Japão Ocidental, resultando em quase vinte mil mortes. O terremoto e a erupção do Monte Fuji devem ter tido ligação. Mais recentemente, o grande terremoto de Kanto, de 1923, que atingiu a área ao redor de Tóquio, resultou nas mortes de mais de cem mil pessoas. A experiência do sismo ofereceu a história de fundo do filme de 2013 de Hayao Miyazaki, *Vidas ao vento*. O tufão Ise-wan, ou tufão Vera, no ano de 1959, que provocou um deslizamento de terra perto de Nagoya, resultou em mais de cinco mil mortes.

Considerando esse tipo de registro de desastres naturais, é difícil para o japonês médio não ter sido exposto às forças brutais da natureza em algum momento da vida.

Além dos desastres naturais, houve também desastres humanos. As casas japonesas eram tradicionalmente construídas de madeira e, antes da invenção da tecnologia moderna de proteção contra o fogo, essas construções se incendiavam com facilidade. Consequentemente, houve uma série de grandes incêndios, provocando destruição e morte em grande escala.

O grande incêndio de Meireki, ocorrido em 1657, que, de acordo com uma lenda conhecida, foi provocado por um incidente envolvendo um quimono amaldiçoado, se espalhou em uma área ampla de Edo. Alimentado pelo vento forte, o fogo ardeu por três dias e destruiu 78% da capital, matando cem mil pessoas. A torre principal do castelo de Edo, onde o Xogum residia, pegou fogo e nunca foi reconstruída durante a era Edo, que durou até 1867.

O QUE NÃO MATA FORTALECE

Nos bombardeios de Tóquio durante a Segunda Guerra Mundial, a capital sofreu um grande dano. Em particular, nas noites de 9 e 10 de março de 1945, que as Forças Aliadas chamaram de "Operação Meetinghouse", centenas de bombardeiros B-29 soltaram cachos de bombas, que espalharam outras bombas incendiárias com napalm. Como resultado, a área central tradicional de Tóquio foi totalmente destruída, matando cem mil pessoas.

Isso foi particularmente trágico se considerarmos que foi menos de vinte e dois anos depois da destruição causada pelo grande terremoto de Kanto de 1923, que deixou exatamente a mesma área praticamente aniquilada.

Atualmente, se você parasse em uma rua bem movimentada de Tóquio, ficaria impressionado ao não conseguir ver sinal dos danos inimagináveis que atingiram essas áreas no passado. As áreas afetadas pelo bombardeio de Tóquio em 1945 atualmente vivem a mesma paz e prosperidade que o resto da capital. Só podemos esperar que continue assim no futuro.

Onde os japoneses encontram essa energia para seguir em frente?

Algumas pessoas podem encontrar fonte e inspiração para a resiliência em normas e éticas sociais. A educação e a segurança financeira têm papel importante também, assim como laços familiares e amizades.

Essa mensagem é ensinada em tenra idade no Japão. A *Weekly Shōnen Jump*, uma revista de mangá publicada pela Shueisha, em Tóquio, tem circulação de mais de dois milhões de exemplares. Ao longo dos anos, o mangá semanal que mais vende no mundo usa três valores para definir a mensagem do trabalho que exibe: amizade, luta e vitória. Esses três alicerces da vida foram originalmente determinados com base em questionários apresentados a alunos de quarto e quinto ano, do fundamental I. As crianças japonesas crescem com uma percepção acurada dos valores importantes da vida, em que os vários padrões para lidar com dificuldades e superá-las pela colaboração com os amigos são alimentados na mente delas pelo trabalho de mangás. Isso ajuda a contribuir com o fato de que as crianças japonesas têm um senso claro de *ikigai* (amizade, luta e vitória, no caso da *Weekly Shōnen Jump*) quando ainda são bem novas.

Mas está claro que a religião tem, e sempre teve, um papel fundamental na resiliência do país. E é um tipo particular de religião.

Historicamente, a abordagem japonesa da religião foi sintetizada pela ideia de "oito milhões de deuses", sendo que "oito milhões" representam o infinito. Tradicionalmente, o povo japonês aprecia a ideia de que há infinitamente mais fontes de significado religioso e valores na vida, e não um único valor que representa a vontade de uma deidade.

Há mundos de diferença entre um único Deus que diz o que você deve fazer e como deve viver a vida e a concepção japonesa de oito milhões de deuses. O Deus único diz a você o que é bom e o que é ruim, decide quem vai para o céu e para o inferno. No xintoísmo, em que você acredita em oito milhões de deuses, o processo de crença é mais democrático. O xintoísmo é construído por meio de pequenos rituais, nos quais a percepção da natureza e do ambiente é expressada. E, em vez de se concentrar na pós-vida, que é uma parte importante do cristianismo, a ênfase está mais no aqui e agora, e em como os humanos são parte de uma teia de elementos que torna o mundo o que ele é.

Os japoneses acreditam que elementos diversos, livres de restrições de doutrinas religiosas rigorosas, precisam entrar nos aspectos práticos e seculares da vida, e a ideia de oito milhões de deuses é uma espécie de metáfora para essa filosofia.

É importante reconhecer que houve influências externas no caminho. A consciência imbuída na filosofia de vida japonesa foi influenciada pela tradição budista da meditação, promovendo melhorias a longo prazo e bom comportamento. Há também uma ligação surpreendente entre *ikigai* e valores descritos em *Eclesiástico*, um dos vinte e quatro livros da Bíblia hebraica, onde a vida é vista como fundamentalmente vã e fútil. Por isso, *Eclesiástico* recomenda que encontremos prazer nas pequenas recompensas da vida, como algo dado por Deus, que os humanos deveriam receber com apreciação humilde — bem sintonizado com a filosofia do *ikigai*.

Também houve impacto do confucionismo na cultura japonesa, principalmente em relação a como se deve comportar no sentido secular, o relacionamento entre o mestre e o discípulo e o respeito que devemos demonstrar pelos mais velhos. O conceito de mudar o mundo exterior mudando a si mesmo, um ponto enfatizado na tradição japonesa do Zen, é resultado dessa variedade de influências.

No mundo, tudo está conectado, e ninguém é uma ilha.

Os japoneses consideram natural que todas as coisas religiosas sejam colocadas no contexto secular, diariamente. Apesar de a maioria dos japoneses não estar ciente do passado histórico por trás dessa abordagem aparentemente frívola da religião, a ideia de oito milhões de deuses, pela qual os japoneses veem deidades em coisas ao redor, desde humanos a animais e plantas até as montanhas e os pequenos itens do dia a dia, oferece o tom básico.

As artes marciais japonesas, seja uma luta de sumô ou de judô, começam e terminam com uma reverência. Como já vimos, quando um lutador de sumô vence, ele não expressa sua alegria abertamente por respeito ao derrotado. O lutador derrotado, por outro lado, admite sua derrota com elegância. Cada lutador de sumô ou de judô é um bom perdedor por definição, ao menos idealmente ou na aparência. É tudo questão de respeito mútuo. Esse é um exemplo do que significa ter prazer e satisfação em fazer coisas pequenas direito, para o bem maior.

Na mente do japonês, a aplicação da filosofia dos oito milhões de deuses não está limitada a humanos e nem, na verdade, a coisas vivas. Itens sem vida podem tratar humanos de forma favorável, desde que tenhamos o devido respeito. No entanto, se os tratarmos de forma descuidada e desalmada, eles podem guardar ressentimento e se vingar. Um famoso pergaminho antigo japonês com cem monstros (*Hyakki Yagyō*) exibe alguns objetos domésticos (como tigelas, vassouras e roupas) virando monstros e desfilando pela rua. Na época, acreditava-se que objetos domésticos podiam virar monstros depois de muitos anos de uso, principalmente se os humanos não os tratassem com o devido respeito. Esses objetos que viraram monstros às vezes são chamados de *"tsukumokami"*, ou noventa e nove deuses, em que "noventa e nove" (anos) representam simbolicamente muito tempo. Assim, há deuses dentro de objetos domésticos. Essa crença dá o subtom inconsciente a muitos japoneses hoje.

O conceito japonês de deus, como em oito milhões de deuses, é diferente do conceito ocidental de Deus. Quando um japonês diz que ele ou ela acredita que tem um deus em um objeto doméstico, o que está implícito é a necessidade de ter respeito pelo objeto, e não que um deus que criou o universo todo está milagrosamente encapsulado naquele pequeno espaço.

As atitudes se refletem nas ações das pessoas. Uma pessoa que acredita que tem um deus dentro de um objeto vai abordar a vida de forma diferente de quem não acredita. A crença pode se manifestar em vários graus de comportamento do dia a dia. Vai haver gente que expressa sua crença em um deus das pequenas coisas, enquanto outros podem ter respeito e tratar os itens à sua volta com cuidado, sem necessariamente acreditar de forma consciente que há deuses dentro deles. Não é incomum ver carregadores de bagagem e funcionários de aeroporto se curvarem e darem adeus a aviões decolando, uma cena comum para muitos japoneses, mas fonte de inspiração e surpresa para muitas pessoas do exterior.

Na visão de um japonês típico, a vida é um equilíbrio de muitas coisas pequenas, e não uma coisa a ser ditada por uma doutrina unificadora. Apesar de uma atitude superficial em relação à religião poder gerar sobrancelhas erguidas em algumas sociedades, para um japonês é natural ter um portfólio de temas religiosos. Do ponto de vista japonês, os temas religiosos são bem-vindos desde que contribuam para a variedade de uma base secular para a vida.

A importância de valores seculares em oposição a um sistema rigoroso de valores religiosos é um aspecto importante do modo de vida japonês, que tem muito a ver com uma construção robusta do *ikigai*. Os japoneses, mesmo quando expressam lealdade a alguma organização religiosa, raramente fazem isso com rigidez, ao ponto de excluir outras religiões. Não é incomum um japonês visitar o templo xintoísta no dia de ano-novo, comemorar o Natal com uma pessoa amada, se casar no estilo cristão e ir a um funeral budista. Não há uma percepção de inconsistência. Nos anos recentes, para muitos japoneses, o Natal, o Halloween e a Páscoa são vistos como festividades em que se pode ir às ruas, fazer compras e se divertir. Em outras palavras, os japoneses assimilam essas tradições religiosas do exterior dentro do contexto de oito milhões de deuses.

No passado, tal "flexibilidade" foi criticada como falta de crença religiosa "verdadeira". No entanto, no contexto da situação mundial contemporânea, em que pessoas de diferentes origens religiosas às vezes se chocam com consequências trágicas, o aparente ponto de vista religiosamente frívolo japonês é aprovado. A busca de um *ikigai* individual no estilo japonês, com todo um espectro de valores, pode ser vista como algo que contribui para uma tranquilidade em um mundo em que extremistas tendem a dominar.

Isso não quer dizer que os japoneses são completamente imunes a conflitos religiosos. Ao longo da história do Japão, houve em algumas ocasiões a brutal opressão da religião, principalmente quando vista como conflitante com valores seculares. Em 1571, por exemplo, em uma série de eventos, agora chamados Cerco do Monte Hiei, o líder samurai Nobunaga Oda (que cometeu suicídio no templo de Honnō-ji, destruindo a quarta tigela estrelada no processo, como descrito no capítulo *Kodawari e os benefícios de pensar pequeno*) botou fogo em centenas de templos, massacrando mais de vinte mil monges e civis. Alguns historiadores alegam que essa atrocidade refreou os cultos religiosos de terem o poder de ofuscar os modos de vida seculares dos japoneses.

O cristianismo foi levado para o Japão por uma série de missionários; Francisco Xavier (1506-1552), o mais famoso deles, se tornou o primeiro missionário a chegar ao Japão em 1549. No começo, os guerreiros samurais receberam de braços abertos a crença e a cultura recém-chegadas, com seus sabores exóticos. Houve até alguns casos famosos de lordes samurais se convertendo ao cristianismo.

Depois de um período de lua de mel, Hideyoshi Toyotomi, um líder militar poderoso, declarou a proibição do cristianismo em 1587, depois novamente em 1596. A proibição tinha muitas pontas soltas, e os missionários continuaram suas atividades no Japão.

Quando lhe dão a escolha entre a dedicação devota a um princípio ou a uma série de ideologias, um japonês típico escolheria o segundo. Isso ajudou a nação a absorver muitas coisas novas do exterior, pois não há muitos tabus que limitem a curiosidade das pessoas. Por outro lado, olhar para o equilíbrio das coisas pequenas torna difícil seguir apenas um princípio.

No filme *Silêncio*, de Martin Scorsese, uma adaptação do livro e obra-prima de Shūsaku Endō, o jesuíta Padre Rodrigues, que apostara sob pressão dos oficiais do xogunato, faz um paralelo entre o Japão e um "pântano", onde nada consegue firmar raiz. O padre diz que mesmo que o cristianismo pareça ser seguido é diferente do original, modificado e digerido do jeito japonês. Em uma terra de oito milhões de deuses, o conceito cristão de Deus pode ser difícil de ser aceito.

"Pântano" pode parecer depreciativo, mas na verdade não é necessariamente assim. A depreciação está no preconceito do observador, não na natureza do pântano em si. Um pântano é um sistema ecológico rico onde muitos microrganismos se desenvolvem. A vida na terra provavelmente se originou de um ambiente similar a um pântano.

No nosso intestino, que em anos recentes mostrou ter um papel importante no nosso sistema imunológico, há um ecossistema rico de microrganismos indispensáveis para a manutenção da nossa saúde.

O *ikigai* de uma pessoa é como um pântano se há diversidade e profundeza suficiente nele. Em resumo, há glória no pântano. Pode até haver oito milhões de deuses.

Pergunte-se o seguinte: quais são as pequenas coisas no pântano da sua mente que o farão seguir em frente em um momento difícil? Talvez, esses sejam os elementos em que você queira se concentrar e manter presentes na sua vida.

CAPÍTULO 9

Ikigai e felicidade

Há um conceito popular, justificado até certo ponto, de que o trabalhador japonês é um modelo de dedicação e autonegação. A palavra *karoshi*, que literalmente significa "morte por excesso de trabalho", já entrou no léxico internacional. No entanto, a velha ética da dedicação sem questionamento a uma empresa está se tornando inaceitável, mesmo em um país como o Japão.

Intuitivamente, nós todos sabemos que a adesão incondicional à ética de trabalho exigida por uma organização, necessariamente, não leva à felicidade. Para ter um senso robusto de *ikigai*, é preciso manter o equilíbrio entre o trabalho e a vida pessoal.

Novas ondas de formas alternativas de *ikigai*, por exemplo, trabalhadores assalariados largando as empresas e dando início a um estilo próprio de vida, ou maridos que fazem as tarefas domésticas e as esposas que trabalham fora, já chegaram ao Japão. Elas refletem a tendência global do trabalho autônomo. Ao mesmo tempo, há algumas viradas unicamente japonesas a essas tendências que estão em crescimento.

Por exemplo, *datsusara* é um fenômeno no qual um assalariado, normalmente um empregado que atua em uma função administrativa, decide abandonar a vida segura e nada animadora de funcionário de empresa para ir atrás de suas verdadeiras paixões. Etimologicamente, *datsu* quer dizer "sair", enquanto *sara* é uma abreviação para a palavra "assalariado".

Às vezes, dependendo da situação econômica, uma pessoa pode ser forçada ao *datsusara* depois de ser demitida. No entanto, isso é relativamente raro no Japão, onde, ao ser contratada, uma pessoa tende a ter um emprego garantido até a aposentadoria. As formas que *datsusara* podem assumir são bem numerosas: abrir um bar ou um restaurante, tornar-se fazendeiro ou até mesmo um artista. Uma característica comum é que essas ocupações são, em geral, exemplos de *ikigai* ampliado — o antigo funcionário querendo ganhar a vida enquanto faz algo que ama, uma coisa que acha interessante e realizadora.

O *éthos* de que você pode ter *ikigai* fora do contexto do seu emprego ressoa bem com o de *datsusara*. Até os lutadores de sumô, que precisam dedicar a vida ao exaustivo treinamento do esporte, são conhecidos por terem vários hobbies, que os ajudam em qualquer carreira pós-sumô, como cantar em karaokê ou pescar.

Claro que a atividade extracurricular como fonte de alegrias na vida não é um fenômeno limitado ao Japão.

Na lendária série de comédia britânica *Father Ted*, cada um dos personagens principais tem seu motivo para viver, além de cumprir as respectivas descrições de trabalho.

A comédia, agora clássica, apresenta a vida de três padres católicos e a empregada deles, que moram juntos em uma casa paroquiana na fictícia Craggy Island. O padre Ted Crilly gosta muito de ganhar dinheiro, de conquistar reconhecimento social, e está sempre de olho no sexo oposto. Enquanto isso, o padre Dougal McGuire tenta levar a vida numa boa; já o padre Jack Hackett só sai atrás de "bebida". A sra. Doyle gosta muito de fazer chá, tanto que fica acordada a noite inteira na sala, só para o caso de alguém querer uma bela xícara de chá no meio da madrugada. O roteiro, escrito por Graham Linehan e Arthur Mathews, retrata as aventuras casuais provocadas pelas idiossincrasias desses personagens principais.

Apesar de não expressarem em tantas palavras, as atividades favoritas dos personagens principais de *Father Ted* contribuem para o senso de *ikigai* deles. Em um episódio, o padre Ted está viciado em cigarro, Dougal em patinação e Jack em bebida. Eles têm dificuldade em largar esses hábitos, mas ao mesmo tempo nunca pensam em deixar de ser padres, o que não interfere na busca de seus passatempos favoritos.

Apesar de ser trabalho de ficção, a organização de *Father Ted* é instrutiva ao demonstrar alguns aspectos que o *ikigai* envolve. Primeiro, o *ikigai* não precisa estar diretamente associado à vida profissional de uma pessoa. Para os três padres católicos, os motivos para viver não têm nada a ver com suas obrigações como padres (embora seja justo dizer que eles não façam nenhuma coisa de padre mesmo). Segundo, um motivo para viver pode ser uma coisa que parece extenuante e desnecessária do ponto de vista dos outros.

Embora fazer chá envolva muito trabalho, a sra. Doyle não consegue suportar a ideia de tirarem a tarefa dela. Em um episódio, quando o padre Ted presenteia a sra. Doyle com uma máquina novinha em folha de fazer chá, ela se ressente secretamente e decide destruir a máquina cara quando não tem ninguém por perto, para poder continuar apreciando a infelicidade de fazer chá.

Apesar de os personagens de *Father Ted* serem extraordinários, nós conseguimos nos solidarizar com o *ikigai* pessoal deles, mesmo sendo com efeito cômico.

Os japoneses, como sempre, têm suas prioridades quando o assunto são os passatempos. Como os funcionários das empresas do Japão moderno não costumam se sentir realizados pelos trabalhos que desempenham, o Japão é um país com pessoas cheias de hobbies, dedicadas a atividades normalmente não relacionadas com seus empregos. Ter hobbies de forma supervalorizada é, de certa maneira, um caso exagerado de alegria nas pequenas coisas. Isso porque as pessoas costumam ter uma sensação de realização ao conseguir executar uma tarefa até o fim.

Ao considerar que atividades de *ikigai* produzem algo de valor, parece que a apreciação desse produto final está na satisfação de ter feito uma coisa — por exemplo, comer os legumes e as verduras plantados em sua própria casa. A satisfação vem de criar uma coisa do começo ao fim, em que as pessoas têm satisfação tanto no processo quanto no resultado que obtêm.

Um grande número de pessoas produz ativamente seus próprios mangás e vendem no *comiket* (abreviatura para mercado de quadrinhos) nos fins de semana. Na verdade, a participação em um *comiket* pode ser vista como um belo exemplo de *ikigai*.

Embora *comiket* como substantivo possa se referir a incontáveis encontros similares dentro (e atualmente também fora) do Japão dedicados à reunião

IKIGAI E FELICIDADE

de fãs de quadrinhos, o maior *comiket*, a *Comiket*, acontece duas vezes por ano, realizada em agosto e dezembro, no Tokyo Big Site, um complexo de salões de exposição na área de desenvolvimento recente de Tóquio chamada Odaiba.

O Tokyo Big Site tem uma aparência futurística e robótica e, como local da *Comiket*, é um destino simbólico de fãs dedicados de quadrinhos. Começando no primeiro encontro humilde em 1975, com apenas 600 pessoas presentes, a *Comiket* agora se transformou em um grande evento para fãs e toda a imprensa, com centenas de milhares de participantes todo ano.

Até o momento, a *Comiket* é a maior reunião desse tipo realizada no mundo, seguida da San Diego Comic-Con International, que atraiu cerca de 16.700 pessoas em 2015. Em comparação, o *Comiket* ocorrida no inverno de 2016 reuniu 550 mil pessoas.

Os participantes da *Comiket* vendem *dojinshi*, que são trabalhos autopublicados de mangá e itens relacionados a esse universo. Os vendedores são chamados de "círculos". Em um encontro típico, deve haver cerca de 35 mil círculos. Como o espaço é limitado, há uma seleção bastante rigorosa e um processo de loteria para determinar quais círculos têm permissão de participar do evento. Em um encontro típico, a taxa de aceitação é de cerca de 50 a 70%.

Um vendedor paga uma taxa de cerca de 10 mil ienes (U$100) e recebe um espaço de exposição de 90cm por 45cm. Pode ser uma baia humilde em tamanho, mas, para vendedores esperançosos e compradores ávidos, é material dos sonhos. Apesar de não acontecer com frequência, um vendedor da *Comiket* pode chegar ao competitivo mercado profissional.

Um trabalho raro e popular de *dojinshi* pode chegar a dez ou até cem vezes o preço original da *Comiket* em sites de leilão. Mas a maioria dos círculos fica satisfeita em vender um número modesto de *dojinshi* para os frequentadores. Alguns dos círculos têm fãs dedicados, com os compradores correndo para os estandes quando os portões se abrem de manhã.

A organização da *Comiket* é realizada por voluntários amadores. Em um encontro típico, aproximadamente 3 mil voluntários trabalham em

IKIGAI E FELICIDADE

colaboração eficiente. Um documentário da NHK, transmitido em 2015, mostrou como os voluntários arrumam as cerca de 6 mil mesas usadas nas baias de vendas em uma hora, em uma coreografia impressionante.

Fora as vendas de *dojinshi*, uma outra característica que tornou a *Comiket* visível e famosa é a atividade de *cosplayers*, na qual os participantes usam roupas de personagens famosos de anime ou mangá e posam para sessões espontâneas de fotos. Os *cosplayers* vão ao Tokyo Big Site com roupas comuns (afinal, não é possível personagens de *Dragon Ball* ou *Naruto* andarem de metrô sem atrair atenção constrangedora, mesmo em Tóquio) e colocam as roupas dos personagens quando estão no seguro e solidário abrigo da *Comiket*.

Em um encontro típico, é estimado que haja aproximadamente 27 mil *cosplayers*, o que compõe cerca de 5% dos frequentadores desses tipos de eventos.

Os *cosplayers* fazem esforços enormes para se transformarem nos personagens de que gostam. Por que eles fariam isso? Uma garota que apareceu no documentário da NHK testemunha que gosta da transformação pela qual passa no processo do *cosplay*. Assim, uma garota reservada pode se tornar objeto de atenção e admiração de fãs ávidos quando completa a transformação para o personagem de anime da sua escolha.

A *Comiket* está se tornando cada vez mais um evento internacional. Em 2015, cerca de 2% dos visitantes eram do exterior. Espera-se que esse número cresça nos próximos anos. Há voluntários que falam vários idiomas no local, ajudando as pessoas de outros países. O site da *Comiket* dá instruções em quatro línguas (japonês, inglês, chinês e coreano). A imprensa internacional, como a CNN e a BBC, já cobriram o evento. O vídeo de *time lapse* mostrando a calma incrivelmente disciplinada e racional da multidão esperando pacientemente para entrar no salão da *Comiket* provocou sensação internacional.

Apesar do interesse global cada vez maior, há muitas características da *Comiket* que permaneceram com natureza basicamente japonesa. Um estudo de valores e padrões comportamentais exibidos por participantes da *Comiket* revela uma variedade interessante de morais e princípios que se refletem na filosofia do *ikigai*.

IKIGAI E FELICIDADE

Os incentivos dos participantes vêm principalmente da alegria de ser parte da atividade em si, e não de recompensa financeira ou reconhecimento social. É verdade que um *cosplayer* de sucesso recebe muita atenção durante a *Comiket*, mas isso não se traduz automaticamente em uma carreira ou em ganho financeiro. Um *cosplayer*, depois de curtir quinze minutos de fama na *Comiket*, não largaria seu emprego.

A participação na *Comiket* oferece um senso de *ikigai* de uma forma unicamente japonesa. Por exemplo, não há estrelas. Atenção e aplausos são dados a cada participante igualmente, embora, naturalmente, haja variações nas cifras de vendas e nas bases de fãs. Não há prêmios distribuídos nos encontros, e cada vendedor (círculo) é tratado da mesma maneira humilde (com o espaço de promoção de 90cm por 45cm).

O jeito como a *Comiket* é organizada sugere como o *ikigai* pode ser associado a um sentimento generalizado de felicidade. De fato, o *ikigai* está intimamente relacionado com nossa concepção de felicidade. Nós todos queremos ser felizes, e você se sentiria mais feliz se tivesse um pouco de *ikigai*.

A forma como as pessoas percebem a felicidade é uma pergunta científica interessante, assim como questão de preocupação prática.

As pessoas tendem a supor que há condições necessárias para conquistar a felicidade. Na fórmula hipotética da felicidade, é preciso possuir ou ter acesso a vários elementos diferentes, como, por exemplo, educação, emprego, um companheiro e, claro, dinheiro.

Na verdade, pesquisas científicas sugerem que há alguns elementos na vida humana que são absolutamente necessários para uma pessoa ficar feliz. Por exemplo, contrariando a crença popular, ter muito dinheiro não leva à felicidade. É preciso ter o suficiente para viver com um certo conforto, mas, além disso, o dinheiro não é capaz de comprar a felicidade.

Ter filhos não necessariamente leva a mais felicidade. Casamento, status social, sucesso acadêmico — esses elementos da vida que são muitas vezes vistos como necessários para avançar na felicidade, na verdade, têm pouco a ver com a felicidade em si.

Pesquisadores têm investigado um fenômeno chamado "ilusão de foco". As pessoas costumam ver certas coisas na vida como necessárias para a felicidade, quando na verdade não são. O termo "ilusão de foco" vem da ideia que você pode direcionar seu foco para um aspecto particular da vida a ponto de acreditar que toda a sua felicidade dependa dele. Alguns têm a ilusão de foco de, digamos, o casamento como pré-requisito para a felicidade. Nesse caso, a pessoa ficará infeliz enquanto permanecer solteira. Alguns vão reclamar que não conseguem ser felizes porque não têm dinheiro suficiente, enquanto outros vão ficar convencidos de que são infelizes porque não têm um emprego que considerem adequado.

Ao ter uma "ilusão de foco", você cria seu próprio motivo para se sentir infeliz. Se a infelicidade é um vácuo no qual o elemento requerido está ausente, esse vácuo é criado pela imaginação tendenciosa da pessoa.

Não existe uma fórmula absoluta para a felicidade humana — cada condição única na vida pode servir como base para a felicidade de sua forma particular.

Você pode ser feliz casado e com filhos ou casado e sem filhos. Você pode ser feliz estando solteiro.

Você pode ser feliz com ou sem diploma da faculdade. Você pode ser feliz sendo magro, assim como você também pode ser feliz acima do peso. Você pode ser feliz morando em um clima quente como o da Califórnia, e você pode ser feliz morando em Montana, onde as condições no inverno são severas. Como lutador de sumô, é possível ser feliz ao conseguir ser *yokozuna* ou ser feliz ficando nos níveis inferiores a vida toda, fazendo pequenas tarefas, sem nunca desistir.

Em resumo, para poder ser feliz, é preciso se aceitar. Aceitar a si mesmo é uma das tarefas mais importantes e difíceis que enfrentamos na vida. Realmente, aceitar-se é uma das coisas mais fáceis, simples e gratificantes que você pode fazer por si mesmo — uma fórmula barata e sem necessidade de manutenção para ser feliz.

A epifania aqui é que, paradoxalmente, aceitar a si mesmo costuma envolver libertar-se, principalmente quando existe um eu ilusório, que você vê como desejável. É preciso se desligar desse eu ilusório para se aceitar e ser feliz.

Na peça *O pássaro azul*, de Maurice Maeterlinck, uma garota chamada Mytyl e seu irmão Tyltyl saem

IKIGAI E FELICIDADE

em uma jornada em busca da felicidade. Eles acham que o pássaro azul da felicidade vai estar em outros lugares. Apesar de seus esforços, eles não conseguem encontrar o pássaro azul em lugar nenhum. Decepcionados, voltam para casa, e ficam surpresos ao encontrar o pássaro azul da felicidade na casa deles, piando alto. Na verdade, o pássaro azul estava na casa deles o tempo todo. O que isso diz a você?

Em 1996, pesquisadores na Itália relataram uma grande descoberta no campo da neurociência. Enquanto examinavam o cérebro de um macaco, eles descobriram acidentalmente que os neurônios dele ficavam ativos quando o macaco estava fazendo alguma coisa. O mesmo grupo de neurônios também ficava ativo quando o macaco observava outros fazendo a mesma ação. Neurônios com essas propriedades foram então chamados de "neurônios espelho".

Neurônios espelho foram descobertos em cérebros humanos também. Atualmente, acredita-se que esses neurônios estão envolvidos em vários aspectos da comunicação, inclusive leitura de mentes, em que fazemos estimativas sobre as mentes de outras pessoas. Os neurônios espelho são considerados essenciais quando fazemos comparações entre nós mesmos e outras pessoas, um passo considerado necessário para percebermos que tipo de pessoa nós somos.

Os espelhos que existem em seu banheiro refletem sua aparência física. Mas, para apreciar sua própria personalidade, você precisa conhecer as de outras pessoas para se refletir. Só percebendo as similaridades e as diferenças que há entre você e os outros é que você pode ter uma avaliação realista da sua própria personalidade.

O mesmo aconteceu com Mytyl e Tyltyl. Só depois de viajar pelo mundo e de comparar outras pessoas com eles mesmos foi que eles puderam perceber a verdadeira natureza deles. Só então eles puderam se aceitar como eram de verdade.

A fábula do pássaro azul da felicidade nos diz que podemos encontrar nossa felicidade dentro da condição única de cada um de nós. A grama pode parecer mais verde do outro lado, mas isso é só ilusão.

As pessoas que vão à *Comiket* e interagem umas com as outras em pé de igualdade sabem disso. Elas vão à *Comiket* em busca do pássaro azul da felicidade, e encontram o que estão procurando, e exatamente nelas mesmas. Depois de se divertir fazendo *cosplay* de um personagem fantástico de anime, elas tiram os trajes alegres e voltam a ser elas mesmas.

CAPÍTULO 10

Aceite-se como é

Tomizo Yamaguchi é o atual dono e gerente da Suetomi, famosa fábrica japonesa de doces. A Suetomi produz doces para cerimônias do chá e outras ocasiões desde 1893. Segundo Yamaguchi, doces representando flores, por exemplo, são feitos cada um com formas e cores ligeiramente diferentes. Não é que a capacidade dos artesãos seja falha e eles não consigam reproduzir o mesmo resultado. Na verdade, o artesão faz deliberadamente formas diferentes, uma a uma, porque não há duas flores exatamente iguais na natureza.

A suposição mais fundamental da indústria moderna é que artefatos precisam ser feitos com o máximo de qualidades constantes possíveis. Quando se faz um automóvel, por exemplo, as partes mecânicas e eletrônicas produzidas aos milhares precisam ser cópias com propriedades idênticas. Senão, a fabricação precisa de automóveis não seria possível.

Esse tipo de abordagem não funcionaria para criaturas da natureza, inclusive humanos. Como sabemos bem quando olhamos ao redor, cada pessoa é diferente. Até gêmeos idênticos desenvolvem personalidades diferentes. As pessoas costumam perceber indivíduos pertencentes a um grupo étnico como sendo de personalidade homogênea. No entanto, se você olhar direito, começa a discernir as diferenças individuais.

Como Yamaguchi observou sagazmente, a variação é uma das maiores marcas registradas da natureza. Fazer cada doce um pouco diferente dos outros é, na verdade, muito realista. Por causa dos papéis significativos desempenhados pelas influências e aprendizados culturais, os humanos exibem uma variação ainda maior do que as flores, as folhas e as outras entidades vivas da natureza. Não adianta tentar ser como os outros, mesmo que haja pressão

ACEITE-SE COMO É

externa. Por isso, temos todos os motivos para relaxar e ser quem somos.

O provérbio japonês *junin toiro* ("dez cores diferentes para dez pessoas diferentes") expressa a visão de que há variações de personalidade, sensibilidade e sistemas de valor entre as pessoas. Ao buscar seu *ikigai*, você pode ser você mesmo o quanto quiser. É natural que seja você mesmo, porque cada um de nós tem cores ligeiramente diferentes.

A apreciação da diversidade parece ir contra a sabedoria convencional de que o Japão é um país mais ou menos homogêneo cultural e etnicamente. O governo aplica restrições notoriamente rigorosas à imigração. A imagem de um assalariado espremido em um trem, com os funcionários da estação tentando empurrar a multidão para dentro dos vagões, parece ser muito distante da ideia de respeito pela individualidade. No Japão, ainda há uma imagem estereotipada de casamento e vida familiar, e o governo japonês está sendo lento para adaptar a legislação para tratar todos os gêneros e minorias sexuais igualmente.

É verdade que os japoneses costumam pensar que a nação deles é unificada. Com a globalização, a mentalidade da nação está mudando, mas os japoneses pensam que são um povo homogêneo. Dito isso, há uma profundidade interessante na expressão da individualidade na sociedade japonesa. Os japoneses têm uma série de pequenos truques para manter a individualidade viva enquanto mantêm um relacionamento harmonioso com os outros.

Há alguns motivos históricos para isso. Na era Edo, que começou em 1603, antes da modernização do Japão com a Restauração Meiji em 1867, o Xogunato Tokugawa decretou uma série de ordens executivas para manter a estabilidade na sociedade, da forma como era considerado adequado naquela época. Um dos decretos mais comuns era evitar o luxo. Conforme a economia Edo crescia, alguns mercadores ganhavam muito dinheiro e se tornavam grandes gastadores. Esse tipo de exibição de luxo acumulado era considerado um efeito corrosivo na estabilidade social, causado pela assimetria cada vez maior entre classes. Assim, o xogunato decretou uma série de ordens executivas proibindo o gasto excessivo.

Os mercadores ricos obedeceram, ao menos superficialmente, pois não dava para discutir com

ACEITE-SE COMO É

o xogum naquela época. No entanto, eles conseguiram manter suas diversões secretamente. Uma das técnicas era usar tecidos caros na parte de baixo do traje, enquanto por fora eles mantinham uma aparência modesta. A ideia de manter um perfil humilde na superfície e fazer a individualidade interior florescer é uma sabedoria que o povo do Japão nutre há anos. Essa técnica poderia ser usada em qualquer sociedade, principalmente quando o escrutínio social é um problema (só pense na pressão das redes sociais atualmente!).

O jeito japonês de manter a individualidade, ao mesmo tempo em que se mantém uma aparência humilde, tem efeito contraditório no contexto moderno. Por exemplo, tornou-se difícil nutrir e desenvolver inovações revolucionárias no país, pois uma personalidade desobediente como Steve Jobs ou Mark Zuckerberg não são toleradas com facilidade. Novas formas de serviço que se chocam com os negócios estabelecidos, como o Uber ou o Airbnb, demoram a conquistar espaço no Japão. A inibição da expressão de individualidade sufocou o sistema educacional japonês, que tende a reforçar a conformidade e não a diversidade entre indivíduos.

A maioria dos japoneses escolhe seguir o *ikigai* da individualidade no domínio particular, provavelmente como resultado do clima social. Essa abordagem escondida da expressão de individualidade não é a única solução. No entanto, podemos pelo menos dizer que é interessante.

Para um observador casual, um assalariado pode parecer sem face. Dentro do paletó sem graça, no entanto, ele pode estar escondendo uma paixão por anime ou mangá. Nos dias de semana pode ser um funcionário obediente de uma empresa. À noite e nos fins de semana, pode ser estrela em um *comiket* ou cantor em uma banda de rock amadora.

Há liberação na ideia de que uma pessoa aparentemente conformista possa cultivar camadas profundas de personalidade individual que pode não estar aparente na superfície. Além disso, a abordagem que cada indivíduo escolhe para a vida pode ser única. A individualidade é uma coisa a ser descoberta e trabalhada, não apenas suposta e preservada.

Definir o *ikigai* de ser um indivíduo em harmonia com a sociedade, de um modo geral, reduziria muito o estresse da competição e da

ACEITE-SE COMO É

comparação. Não é preciso tocar seu próprio trompete para ser ouvido. Você pode sussurrar, às vezes, só para você mesmo.

Um famoso fabricante de tofu com base em um subúrbio de Tóquio, Takeru Yamashita, é um filósofo escondido. Ele discute a diversidade dos grãos, que se torna a única fonte importante para o tofu, como se estivesse falando da individualidade da alma humana. "É Aristóteles e não Platão", diz Yamashita. Ele também recita um trabalho de Shakespeare, para a perplexidade da equipe de câmeras. Aparentemente, uma obra-prima de Shakespeare tem tanto a ver com a arte de fazer tofu quando a seleção de grãos. O jeito idiossincrático de Yamashita de explicar sua abordagem da fabricação do tofu é algo que se encontra com frequência ao encontrar alguém com abordagem única do *ikigai*, principalmente em um país em que a expressão da individualidade não necessariamente assume formas chamativas.

Ikigai e felicidade vêm da aceitação do eu. O reconhecimento de outras pessoas sem dúvida seria um bônus. No entanto, se colocada em um contexto errado, também pode atrapalhar a tão importante aceitação do eu. Como Yamaguchi observa ao se referir à forma como os doces em Kyoto são feitos, tudo na natureza é diferente. Nós, humanos, também somos diferentes, cada um de nós.

Celebre quem você é! Eu tive o prazer de conversar com os comediantes britânicos Matt Lucas e David Walliams uma vez, quando eles estiveram em Tóquio em uma turnê de promoção da série *Little Britain*. Durante a nossa conversa, Lucas contou que riam dele na escola. Por isso, em uma ação de legítima defesa criativa, ele começou a fazer as pessoas rirem antes que rissem dele. Walliams concordou e disse que as gargalhadas podiam ser a melhor forma de defesa.

De um ponto de vista cognitivo, a risada é considerada uma ocorrência da metacognição, baseada nas áreas pré-frontais do córtex. Na metacognição, você se olha como se estivesse observando de fora. Ao fazer isso, aceita seus próprios defeitos e falhas e suplementa sua percepção com ideias novas vistas de fora.

Você pode ter medo de enfrentar a verdadeira imagem de si mesmo. Nesses casos, uma dose saudável de risadas, apoiadas pela metacognição de si mesmo, ajudaria. Se a metacognição não levar ao divertimento imediatamente, é sempre bom ter uma imagem realista de si mesmo, ainda que não seja favorável.

O maior segredo do *ikigai*, no fim das contas, tem que ser a aceitação de si mesmo, independente do tipo de características únicas com as quais se tenha nascido. Não há caminho ideal para o *ikigai*. Cada um de nós tem que procurar o nosso, na floresta das nossas individualidades. Mas não se esqueça de dar uma boa gargalhada quando estiver procurando o seu — hoje e todos os dias!

CONCLUSÃO

Encontre seu próprio *ikigai*

Vamos rever os cinco passos para o *ikigai*:

Passo 1: Começar pequeno

Passo 2: Libertar-se

Passo 3: Harmonia e sustentabilidade

Passo 4: A alegria das pequenas coisas

Passo 5: Estar no aqui e agora

Agora, depois de ler o livro, como você vê esses pilares do *ikigai*?

• Você tem alguma revelação que ajudaria a resolver os problemas da vida?

- Agora está mais inclinado a experimentar coisas, dando pequenos passos, ao mesmo tempo em que não busca, necessariamente, recompensas externas?
- Você, agora, veria a ligação crucial entre harmonia e sustentabilidade?
- Você sente que ficaria mais tranquilo com as particularidades que fazem parte de você ao mesmo tempo em que fica mais tolerante com as idiossincrasias das outras pessoas?
- Agora você tem mais chance de conseguir encontrar prazer nas pequenas coisas?

A expectativa é que essa introdução ao *ikigai* permita a você apreciar a importância desses pilares com uma sensação renovada e aprofundada de significância. Isso vai oferecer as revelações de que você precisa para resolver vários de seus assuntos específicos.

O conceito de *ikigai* é de origem japonesa. No entanto, o *ikigai* possui implicações que vão muito além de fronteiras nacionais. Não é o caso de a cultura japonesa ser especial nesse aspecto. É só que as condições culturais particulares aliadas às

ENCONTRE SEU PRÓPRIO *IKIGAI*

tradições do Japão levaram ao cultivo do conceito de *ikigai*.

De fato, é bem possível que dentre as milhares de diferentes línguas faladas no mundo haja alguns conceitos similares ao de *ikigai*.

Afinal, todas as línguas estão no mesmo patamar no sentido de que são resultado de esforços árduos de seus falantes para viver e deixar viver ao longo de gerações.

Hideo Kobayashi, um crítico literário muito respeitado do Japão moderno, disse uma vez que queria viver o máximo de tempo que fosse possível. Ele acreditava por experiência própria que mais um dia na vida levaria a mais uma descoberta e a mais sabedoria.

De acordo com seu antigo editor, Masanobu Ikeda, Kobayashi costumava falar sobre o "motor universal" quando procurava uma metáfora para descrever o que é importante na vida. De acordo com Kobayashi, em cada lancha existe um motor universal. Apesar de não ter muita potência, ele é firme e confiável; em caso de emergência ou qualquer adversidade, o motor universal leva a lancha em segurança de volta ao porto.

O *ikigai* é como o motor universal descrito por Kobayashi. Independentemente do que aconteça, enquanto tiver *ikigai*, você consegue percorrer os períodos difíceis da vida. Você sempre pode voltar para seu abrigo seguro, de onde pode recomeçar as aventuras da sua vida.

Como pudemos perceber ao longo deste livro, o *ikigai* não vem de um único sistema de valores. Não está escrito nas ordens de Deus. Vem da ressonância intensa de um espectro de pequenas coisas, nenhuma das quais servindo a um propósito grandioso na vida por si só.

Os valores em torno do *ikigai* que você deve ter incorporado enquanto lia este livro, espera-se, vão inspirá-lo a experimentar novas coisas em sua vida e a mudar diversas coisas passo a passo.

Não deve haver um estardalhaço acompanhando seus novos começos; essa mudança em percepção vai surgir lentamente em você em vez de explodir violentamente.

Na vida, nós precisamos de evolução, não de revolução. É comum que uma ilusão sobre uma revolução na vida — em que você é arrebatado por princípios recém-encontrados, jeitos novos de pensar e fazer, e pela ideia de começar a vida toda de novo — tire as pessoas do rumo.

Como o *ikigai* só reforça suas intuições já presentes, a mudança vai ser gradual e modesta, como a vida em si.

Primeira edição (maio/2018) · Décima terceira reimpressão
Papel de Capa Cartão Triplex 250g
Papel de Miolo Offset 75g
Tipografias Garamond 3 LT Std, Gill Sans Std e Gibson
Gráfica LIS